全国工会干部培训基础教材

产业工会工作概论

全国工会干部培训基础教材编写委员会◎编

中国工人出版社

图书在版编目（CIP）数据

产业工会工作概论 / 全国工会干部培训基础教材
编写委员会编 .—北京：中国工人出版社，2023.3
ISBN 978-7-5008-8096-7

Ⅰ . ①产…　Ⅱ . ①全…　Ⅲ . ①产业工会－工会工作－
中国－干部培训－教材　Ⅳ . ① D412.6

中国国家版本馆 CIP 数据核字（2023）第 025704 号

产业工会工作概论

出 版 人　董　宽
责任编辑　王学良
责任校对　赵贵芬
责任印制　栾征宇
出版发行　中国工人出版社
地　　址　北京市东城区鼓楼外大街45号　邮编：100120
网　　址　http://www.wp-china.com
电　　话　（010）62005043（总编室）
　　　　　　（010）62005039（印制管理中心）
　　　　　　（010）62382916（工会与劳动关系分社）
发行热线　（010）82029051　62383056
经　　销　各地书店
印　　刷　北京市密东印刷有限公司
开　　本　660毫米 × 960毫米　1/16
印　　张　15.5
字　　数　190千字
版　　次　2023年3月第1版　2024年 6月第4次印刷
定　　价　35.00元

本书如有破损、缺页、装订错误，请与本社印制管理中心联系更换

全国工会干部培训基础教材
编写委员会

团结动员亿万职工
为全面建设社会主义现代化国家
贡献力量（代序）

王东明

党的二十大是在全党全国各族人民迈上全面建设社会主义现代化国家新征程、向第二个百年奋斗目标进军的关键时刻召开的一次十分重要的大会，是一次高举旗帜、凝聚力量、团结奋进的大会，为新时代新征程党和国家事业发展、实现第二个百年奋斗目标指明了前进方向、确立了行动指南。必须深刻领会大会精神实质、把握核心要义、明确奋斗目标，在全面学习、全面把握、全面落实上下功夫，团结动员亿万职工在新征程上踔厉奋发、勇毅前行，为实现第二个百年奋斗目标贡献智慧和力量。

深刻领悟“两个确立”的决定性意义，把“两个维护”落实到工会工作各方面全过程

党的二十大在政治上、理论上、实践上取得了一系列重大成果。习近平同志在党的二十届一中全会上继续当选中共中央总书记，充分反映了全党全军全国各族人民的共同心愿和习近平总书记的崇高威望，充分展示了全党全国上下在以习近平同志为核心的党中央团结带领下战胜前进道路上一切风险挑战、开创美好未来的坚定信心和决心，是全党上下拥护“两个确立”、做到“两个维护”的生动实践和真实体现。

党的十八大以来，党和国家面临的形势之复杂、斗争之严峻、改革发展稳定任务之艰巨世所罕见、史所罕见，习近平总书记以高超的政治智慧、强烈的历史担当、卓越的领导能力和“我将无我，不负人民”的崇高境界，带领全党全军全国各族人民攻坚克难、砥砺前行，推动党和国家事业取得历史性成就、发生历史性变革。实践充分证明，新时代十年的伟大变革，根本在于有习近平总书记作为党中央的核心、全党的核心领航掌舵，在于习近平新时代中国特色社会主义思想的科学指引。“两个确立”是党在新时代取得的重大政治成果，是推动党和国家事业取得历史性成就、发生历史性变革的决定性因素。

习近平总书记高度重视工人阶级和工会工作，对工会坚持党的领导提出明确要求，强调工会工作做得好不好、有没有取得明显成效，关键看有没有坚持正确政治方向；坚持正确政治方向，一言以蔽之，就是要坚持中国共产党领导和社会主义制度；只有坚持党的领导，工会工作才能方向明确、不走偏路，才能做得有声有色、扎实有效；在坚持党的领导这个根本问题上，工会必须旗帜鲜明、立场坚定。回顾百年来党领导的现代工人运动史，我国工会坚定不移在党的领导下开展工作，与历史同步伐、与时代共命运，为党和国家事业发展作出了重要贡献。

党的十八大以来，全总和各级工会始终把坚持党的领导作为工会工作的最高政治原则和根本保证，把深入学习贯彻习近平新时代中国特色社会主义思想作为首要政治任务，健全学习新时代党的创新理论的制度性安排，准确把握其基本观点、核心要义、科学体系、根本要求；完善党组（党委）会议“第一议题”制度，第一时间传达学习、第一时间狠抓落实习近平总书记重要指示批示、党中央重大决策部署；完善向党中央请示报告重大事项制度，探索与省级党委协调推进工会工作的机制，完善全总定期听取省级工会工作报告和意见建议制度；以党的政治建设为统领加强党的各项建设，全面推进工会系统从严治党，营造风清气正的良好政治生态。党的十八大以来工会工作取得重要进展和新成效，根本在于始终坚持党对工会的领导，在于始终坚持以习近平新时代中国特色社会主义思想为指导。

当前，世界百年未有之大变局加速演进，新一轮科技革命和产业变革深入发展，国际力量对比深刻调整，我国发展进入战略机遇和风险挑战并存、不确定难预料因素增多的时期。面对严峻复杂的形势，最重要的就是要始终坚持“两个确立”，坚决做到“两个维护”，这是党在新时代十年伟大变革中积累的宝贵经验，是党和国家的前途命运所系、全国各族人民的根本利益所在，是党团结带领全国各族人民全面建设社会主义现代化国家、夺取新的伟大胜利的根本政治保证。新征程上，各级工会组织和广大工会干部必须深刻领悟“两个确立”的决定性意义，进一步增强“四个意识”、坚定“四个自信”、做到“两个维护”，坚定不移在思想上政治上行动上同以习近平同志为核心的党中央保持高度一致。坚持不懈强化理论武装，深刻把握习近平新时代中国特色社会主义思想的世界观和方法论，坚持运用贯穿其中的立场观点方法，切实用以指导实践、推动工作、破解难题。自觉同习近平总书记重要指示批示精神、重要论述、党中央决策部署要求对标对表，真正把拥护“两个确立”、做到“两个维护”体现在行动上，落实到工作中。面向基层和一线职工，广泛开展多种形式的宣传宣讲，推动“两个确立”更加深入人心、“两个维护”成为广大工会干部和职工群众的自觉行动。

引领职工听党话、跟党走，汇聚起亿万职工团结奋斗的磅礴力量

党的二十大立足新时代新征程的历史方位，深刻分析我国发展面临的形势和挑战，对全面建成社会主义现代化强国两步走战略安排进行了宏观展望，重点部署了未来5年的战略任务和重大举措，发出了为全面建设社会主义现代化国家、全面推进中华民族伟大复兴而团结奋斗的伟大号召。

习近平总书记强调，党和人民取得的一切成就都是团结奋斗的结果，团结奋斗是中国共产党和中国人民最显著的精神标识。团结才能胜利，奋斗才会成功。新时代十年，我们以奋发有为的精神把新时代中国特色社会主义推向前进，创造了一个个令人刮目相看的人间奇迹，靠的就是全党全国各族人民万众一心、勇往直前、团结奋斗。汇聚起亿万人民团结奋斗的磅礴伟力，离不开扎实有效的思想政治引领。通过卓有成效的思想政治引领，把亿万职工思想统一起来、共识凝聚起来、力量激发出来，工会重任在肩、使命在肩。

党的十八大以来，全总和各级工会认真履行引导职工群众听党话、跟党走的政治责任，把学习贯彻习近平新时代中国特色社会主义思想作为加强思想政治引领的第一位任务，通过理论宣讲、劳模宣讲、演讲比赛、知识竞赛等方式，把“大学习”的课堂搬到工厂车间、生产一线，推动习近平新时代中国特色社会主义思想进企业、进车间、进班组。加强对习近平总书记关于工人阶级和工会工作的重要论述的学习贯彻和研究阐释，推动重要论述在工会系统和广大职工中落地生根。深入开展“永远跟党走、奋进新征程”、“喜迎二十大、建功新时代”等系列宣传教育活动，培育和践行社会主义核心价值观，“中国梦·劳动美”的价值引领深入基层、扎根职工。大力弘扬劳模精神、劳动精神、工匠精神，组织劳模、工匠人才进校园、进企业，发布全国“最美职工”、“大国工匠年度人物”，努力营造劳动光荣的社会风尚和精益求精的敬业风气。加强重点领域重点群体职工思想政治工作，创新工作方式方法，强化网上思想引领，推动思想政治工作传统优势与信息技术深度融合，加强对职工的人文关怀和心理疏导，建设健康文明、昂扬向上、全员参与的职工文化。

全面建设社会主义现代化国家，是一项伟大而艰巨的事业，前途光明，任重道远，更加需要坚定信念、鼓舞斗志，更加需要同心同德、团结奋斗。新征程上，工会必须牢记“三个务必”，牢牢把握团结奋斗的时代要求，把巩固团结奋斗的共同思想基础作为思想政治引领的重要内容，不断创新职工思想政治工作，引导广大职工坚定中国特色社会主义道路自信、理论自信、制度自信、文化自信，不断增强对中国共产党领导和中国特色社会主义制度的政治认同、思想认同、情感认同，自觉把人生理想、家庭幸福融入国家富强、民族复兴的伟业之中，更加紧密地团结在以习近平同志为核心的党中央周围，坚定不移听党话、矢志不渝跟党走，为实现党的二十大确定的目标任务团结奋斗。

贯彻党的全心全意依靠工人阶级方针，组织动员亿万职工在新征程上建功立业

党的二十大报告指出，从现在起，中国共产党的中心任务就是团结带领全国各族人民全面建成社会主义现代化强国、实现第二个百年奋斗目标，以中国式现代化全面推进中华民族伟大复兴。这是站在历史和时代的高度，全面把握党和国家事业发展新要求、人民群众新期待，向全党全国各族人民发出的动员令。

习近平总书记强调，工人阶级是我国的领导阶级，是我国先进生产力和生产关系的代表，是我们党最坚实最可靠的阶级基础。我国工会是中国共产党领导的工人阶级群众组织，团结动员广大职工群众为实现党在不同历史时期确立的纲领、目标和中心任务而努力奋斗是工会的重要使命。新民主主义革命时期，工会按照党确立的符合当时形势的工运策略和活动方式，提高工人阶级的政治觉悟，动员工人群众开展各种形式的斗争，团结动员广大职工为实现民族独立、人民解放而奋斗；社会主义革命和建设时期，工会动员带领广大工人坚决响应党的号召，焕发国家主人翁精神，为建立和巩固人民当家作主的新政权、建立独立的比较完整的工业体系和国民经济体系而奋斗；改革开放和社会主义现代化建设新时期，工会坚持围绕中心、服务大局，团结动员广大职工为坚持和发展中国特色社会主义而奋斗。

党的十八大以来，全总和各级工会围绕国家重大战略、重大工程、重大项目、重点产业，组织职工广泛深入持久开展多种形式的主题劳动和技能竞赛，开展“小发明、小创造、小革新、小设计、小建议”等群众性创新活动；加强劳模、工匠和职工学习阵地建设，示范带动创建各级各类创新工作室8万多家；成功举办首届大国工匠创新交流大会，习近平总书记向大会致贺信；推荐多名一线工人获得国家科技进步奖，职工创新创造活力显著提升。扎实推进产业工人队伍建设改革，成立推进产业工人队伍建设改革工作领导小组，产业工人思想引领、建功立业、素质提升、地位提高、队伍壮大等改革措施有效落实，改革取得重要阶段性成效，产业工人在推进高质量发展中的主力军作用更加突出。

党的二十大擘画了以中国式现代化推进中华民族伟大复兴的宏伟蓝图，把宏伟蓝图变成美好现实，根本上要靠包括工人阶级在内的全体人民的劳动、创造、奉献。新征程上，工会必须牢牢把握为实现中华民族伟大复兴的中国梦而奋斗的我国工人运动时代主题，充分发挥工人阶级主力军作用，团结动员亿万职工为推进中国式现代化建功立业。围绕建设教育强国、科技强国、人才强国，深化产业工人队伍建设改革，抓好抓实职工素质提升工作，加快构建产业工人技能形成体系，推动健全落实高技能人才培养、使用、评价、激励、保障机制，畅通技能人才流动渠道，努力建设一支宏大的知识型、技能型、创新型产业工人大军，为推进中国式现代化提供坚实人才和技能支撑。

坚持以人民为中心的发展思想，扎实做好工会维权服务工作

党的二十大报告通篇贯穿人民至上的根本立场和以人民为中心的发展思想，强调“江山就是人民，人民就是江山”，强调“为民造福是立党为公、执政为民的本质要求”，对“增进民生福祉，提高人民生活品质”作出安排部署，充分体现了以习近平同志为核心的党中央矢志不渝、坚守初心的政治本色和深厚为民情怀，体现了我国社会主义制度的本质和优越性，顺应了历史发展大势和人民群众期盼。

习近平总书记指出，我们党的根本宗旨就是为人民群众办好事，为人民群众幸福生活拼搏、奉献、服务；要想人民之所想，行人民之所嘱，不断把人民对美好生活的向往变为现实；工会要认真履行维护职工合法权益、竭诚服务职工群众的基本职责，把服务职工、维护职工合法权益的大旗牢牢掌握在手中，哪里的职工合法权益受到侵害，哪里的工会就要站出来说话。扎实做好维权服务工作，是工会落实以人民为中心的发展思想、践行全心全意为人民服务根本宗旨的必然要求。

党的十八大以来，全总和各级工会认真履行基本职责，推动修改《中华人民共和国工会法》、《中国工会章程》，将工会基本职责拓展为“维护职工合法权益、竭诚服务职工群众”。助力落实“六稳”、“六保”任务，深入细致做好职工就业创业服务，推动就业优先战略和积极就业政策落实落地。以货车司机、网约车司机、快递员、外卖配送员等为重点，出台推进新就业形态劳动者建会入会和权益保障工作的指导性文件，大力推行“重点建、行业建、兜底建”模式，推进互联网百强企业建会，2021年度全国互联网百强企业全部实现建会突破，工会组织覆盖和工作覆盖取得阶段性进展，推动解决了一批新就业形态劳动者的急难愁盼问题。做优做强送温暖、金秋助学、阳光就业、职工医疗互助、工会法律援助等工作，开展提升职工生活品质试点，将20家工会帮扶中心和50家企业（工业园区）纳入全总试点单位，各省（区、市）和新疆生产建设兵团总工会开展省级试点。加强服务职工阵地建设，建设“劳动者港湾”、“爱心驿站”等工会户外劳动者服务站点10.58万个，累计投入资金18.66亿元。将城市困难职工解困脱困作为重点工作，主动融入党政工作大盘子，通过建档立卡、精准施策、强化评估、压实责任等具体举措，推动549.87万户困难职工家庭全部如期实现解困脱困。贯彻落实党中央国务院《关于构建和谐劳动关系的意见》，推动健全党政主导的维权服务机制，努力把劳动关系矛盾化解在基层、化解在萌芽状态。贯彻总体国家安全观，坚决维护劳动领域政治安全，加强相关工作体系建设，健全劳动关系风险监测、分析、研判、预防机制和职工队伍稳定风险排查化解机制，促进职工队伍团结统一与社会和谐稳定。

党的二十大对保障和改善民生、扎实推进共同富裕作出重要部署，为工会围绕中心、服务大局，履行好维权服务基本职责提供了重要契机。新征程上，工会必须始终坚持以职工为中心的工作导向，不断深化自身改革和建设，保持和增强政治性、先进性、群众性，有效发挥党联系职工群众的桥梁纽带作用。积极参与涉及职工切身利益的法律法规政策的制定修改，推动健全劳动法律法规体系。推动落实就业优先政策，推动健全就业促进机制，加强困难群体就业兜底帮扶，推动完善工资平等协商机制、正常增长机制、支付保障机制，健全向一线职工倾斜的分配制度，推动提高劳动报酬在初次分配中的比重，在促进共同富裕中更好发挥工会作用。积极推动完善以职工代表大会为基本形式的企事业单位民主管理制度，依法保障职工知情权、参与权、表达权、监督权，在发展全过程人民民主中保障职工民主政治权利。加快构建以普惠性服务和精准帮扶为重点的工会服务职工体系，着力提升质量和实效。巩固拓展城市困难职工解困脱困成果，推动解困脱困与提升职工生活品质有效衔接，健全困难职工家庭常态化帮扶机制，不断提高职工群众的获得感、幸福感、安全感。增强忧患意识、坚持底线思维，发扬斗争精神、增强斗争本领，密切关注降薪裁员、欠薪欠保、劳资纠纷、生活困难等可能引发的突出风险，积极推进“法院+工会+人社+司法”四方联动机制建设，推动构建和谐劳动关系，在维护企业和社会大局和谐稳定中更好发挥工会组织作用。

党的二十大吹响了新时代新征程奋勇前进的号角。我们要进一步增强学习领会贯彻落实党的二十大精神的自觉性和坚定性，找准工会贯彻落实党的二十大精神的切入点、结合点、着力点，切实把党中央提出的战略部署转化为工会的实际行动，充分展示工会在推进中国特色社会主义事业中的新担当新作为。

（本文系全国人大常委会副委员长、中华全国总工会主席王东明同志在2022年12月16日《求是》杂志发表的署名文章）

目　录

CONTENTS

第一章　产业工会的历史发展

中国产业工会是中国共产党领导的产业职工自愿结合的工人阶级群众组织，是中国工会的重要组成部分。从概念上、理论上弄清什么是产业工会、产业工会的产生与发展，中国产业工会的历史地位和作用，是我们研究中国产业工会必须首先回答的基本问题。

第一节　产业、产业职工和产业工会

产业、行业、产业职工、产业工人、知识分子、产业工会、行业工会是本节介绍的几个最重要的基本概念。

一、产业

在传统社会主义经济学理论中，产业主要是指经济社会的物质生产部门。一般而言，每个部门都专门生产和制造某种独立的产品，每个部门也就成为一个相对独立的产业部门。在广义上，产业泛指一切生产物质产品、精神产品和提供劳务活动的集合体，包括农业、工业、交通运输、邮电通信、科技、文化、教育、卫生、服务、信息、旅游等产业部门和服务部门、社会公共事业等。

在不同的历史时期，不同的组织和国家，对产业有着不同的分类标准。20 世纪 20 年代，国际劳工局把一个国家所有的产业划分为初级生产部门、次级生产部门和服务部门。后来，许多国家都沿用了国际劳工局对产业划分的方法。第二次世界大战后，西方国家大多采取了三级产业分类法。在我国，基本上也把产业分为三大类：第一产业是农业，是指人类通过劳动直接从自然界取得产品的产业部门，我国规定专指农、林、牧、渔业。第二产业是工业，是指对第一产业和本产业提供的产品（原料）进行加工的产业部门，我国规定专指采矿业，制造业，电力、热力、燃气及水生产和供应业，建筑业。第三产业即服务业，是指除第一产业、第二产业以外的其他行业。第三产业包括：批发和零售业，交通运输、仓储和邮政业，住宿和餐饮业，信息传输、软件和信息技术服务业，金融业，房地产业，租赁和商务服务业，科学研究和技术服务业，水利、环境和公共设施管理业，居民服务、修理和其他服务业，教育，卫生和社会工作，文化、体育和娱乐业，公共管理、社会保障和社会组织，国际组织，以及农、林、牧、渔业中的农、林、牧、渔专业及辅助性活动，采矿业中的开采辅助活动，制造业中的金属制品、机械和设备修理业。所以，从上述分类可以看出，产业实际上就是国民经济和社会发展各种类别的部门，是人们生产实践和社会活动的各个方面和领域的集合体。因此，产业是社会分工的产物；产业是社会生产力不断发展的必然结果；产业是具有某种同类属性的社会经济活动的集合；产业的含义具有多层性。随着社会生产力水平不断提高，产业的内涵不断充实，外延也会不断扩展。

行业，一般是指其按生产同类产品或具有相同工艺过程或提供同类劳动服务划分的经济活动类别，如饮食行业、服装行业、机械行业等。但随着经济社会的发展，行业的概念已演进为国民经济的一个部门和一个产业内，按照共同的、相对固定的生产方式、职业观念、技能特长、生产经营范围等要素而进行的生产、工作分类和分工。一个或多个行业组成了产业，一个产业可以分为若干个行业。

二、产业职工

产业职工，是在各个产业部门及其行业中从事劳动并由此获得工资报酬的劳动者的统称。

产业职工必须具备两个要素：一是必须在国民经济和社会事业的某个产业或行业工作；二是必须以自己的劳动（体力劳动或者脑力劳动）获得工资报酬。因此，并不是所有产业及其行业的劳动者都是产业职工，只有同时具备这两个要素的劳动者才能称为产业职工。产业职工构成工人阶级的主体，是工人阶级最重要的组成部分。

产业职工是由产业工人和知识分子两大部分构成的。

（一）产业工人

传统意义上，产业工人是指在现代工厂、矿山、交通运输等企业中从事集体生产劳动，以工资收入为生活来源的工人(或称生产工人)。由于社会分工的发展和科学的进步，产业工人的概念在其内涵和外延上不断发展变化。我国产业工人主要是指在第一产业的农场、林场，第二产业的采矿业、制造业、建筑业和电力、热力、燃气及水生产和供应业，以及第三产业的交通运输、仓储和邮政业，信息传输、软件和信息技术服务业等行业中从事集体生产劳动，以工资收入为生活来源的工人。产业工人是先进生产力的代表者，他们最富于组织性、纪律性和革命性，最能代表工人阶级的特性。产业工人是产业职工的主体，是工人阶级的主力和骨干。

我国产业工人队伍与经济社会快速发展同步，规模不断壮大，分布日益广泛。据近年抽样调查数据和劳动力抽样调查中就业身份分类，以第二、三产业中 6 大行业门类就业人数中雇员部分作为产业工人的统计对象，加上农场、林场中从事集体劳动的工人，我国产业工人有 2 亿人左右。我国产业工人在产业分布、行业分布、地域分布、企业规模分布上，呈现不同特点。其中，超过八成的产业工人集中在第二产业，近八成产业工人集中在制造业和建筑业，近六成产业工人集中在东部地区，近六成产业工人集中在国有大中型企业。近年来，我国农民工的数量不断增加，农民工已经成为产业工人的主体。全国农民工总人数近 3 亿，其中外出农民工占一半左右。据测算，目前第二产业和第三产业 6 个行业中农民工占六成左右。“80 后”已经成为产业工人的主力军，是制造业及信息传输、软件和信息技术服务业中的主体力量。产业工人中男性占超过八成，女性不到二成。女性在制造业产业工人中比例最高，超过四成，其次为信息传输、软件和信息技术服务业，超过三成。

（二）知识分子

知识分子是一个历史范畴，作为一个社会群体，它是在人类社会发展到一定历史阶段产生的，是社会分工和文化教育的不普及而在特定的历史阶段形成的一个社会脑力劳动者阶层。在不同历史时期和文化背景下，人们对知识分子的理解和界定是不同的。19 世纪末至 20 世纪初，由于受西学影响，我国当时把知识分子与知识阶层区别开来，如称知识分子为“学界分子”，称知识阶层为“知识界”等。直至 1921 年中国共产党成立后，在《中国共产党章程》上才正式使用“知识分子”和“知识阶层”两词。1933 年，中国共产党在革命根据地的中央工农民主政府明确规定知识分子是一个社会阶层，属于“脑力劳动者”。关于知识分子的定义，国外的主流看法是指受过专门训练、掌握专门知识，以知识为谋生手段、脑力劳动为职业，并由此获得工资报酬，具有强烈的社会责任感的群体。现代知识分子作为一个社会阶层，产生于产业革命之后。在不同的历史时期和历史环境下，知识分子分属于不同的阶级和社会集团。

产业工人和知识分子同时分布在国民经济和社会事业各部门或行业之中。从这个意义上讲，产业工人和知识分子均属于产业职工范畴，而且在现实中，知识分子已成为我国产业职工的重要组成部分。

产业职工的来源、队伍结构和分布特点是随着产业及其行业的发展变化而变化的。由于产业职工与先进的大机器生产和先进的科学技术紧密结合在一起，因此具有高度的组织性、纪律性和彻底的革命性，是社会物质财富和精神财富的主要创造者。但是，在不同的社会制度下，产业职工的社会地位、政治地位和经济地位则是大不相同的。在资本主义制度下，产业职工处于被剥削、被压迫的地位，是资本主义剩余价值的生产者，是构成无产阶级的基本力量。《中华人民共和国宪法》中开宗明义地指出："中华人民共和国是工人阶级领导的、以工农联盟为基础的人民民主专政的社会主义国家。"工人阶级是我国的领导阶级，产业职工则是工人阶级中发挥支撑作用的主体力量。因此，在社会主义制度下，产业职工是国家领导阶级的重要成员，在社会上、政治上和经济上始终处于主人翁的地位，是国家政权的重要支柱和社会稳定的重要力量，是社会主义现代化建设的主力军。

三、产业工会

产业工会是按照产业原则把产业部门的职工组织起来的工会组织，即列宁所讲的"按生产部门把工人组织起来的工会"。在我国，产业工会专指依照有关法律法规，由同一产业或性质相近的几个产业的职工自愿结合组成的工人阶级群众组织。

行业工会则是按照行业原则把行业职工组织起来的工会组织，是行业职工自愿结合的工人阶级群众组织。由于行业和产业的隶属关系，行业工会实际上是产业工会的一种组织形式。

从人类社会形态的演进趋势来看，资本主义社会取代封建社会无疑是一大进步。但从资本主义生产关系确立的第一天起，就产生和存在着无产阶级和资产阶级两大对立阶级的根本矛盾，当这种矛盾发展和激化到一定程度时，就会表现为无产阶级和资产阶级的激烈斗争。产业工会就是顺应无产阶级和资产阶级的斗争需要而产生的。所以，产业工会是工业社会经济矛盾的必然产物，是世界各国工会最常见、最基本的组织形式。

真正意义上的产业工会出现于19世纪二三十年代，它的产生基本经过了从行会（或帮会）到秘密结社（小组或联盟）再到工会三个阶段的演变过程。早在18世纪90年代末，随着产业（行业）劳动关系矛盾的加剧，英国的羊毛加工业工人、缝纫业工人为了维护自己的利益和自身斗争的需要，就成立了互助会、友谊会或兄弟会等早期的工人团体。在这些工人团体的组织下，取得了与资本家进行经济斗争的部分胜利。由于这些早期的工人团体是以行业、宗教、同乡等特殊关系为纽带建立起来的，因此，它们一方面在很大程度上带有封建帮（行）会的特点，另一方面也初步具备了产业工会的特征，成为产业工会萌芽时期的特殊组织形式。后来，随着工人运动特别是罢工运动的高涨，在工人群众中间又出现了罢工储金会、工人小组以及其他形式的工人秘密联盟。此时的工人团体不仅行业性越来越明显，而且有了自己的活动范围、主要目标和基本活动方式，从而具备了产业工会的基本特点。1812年，苏格兰格拉斯哥市纺织工人的秘密联盟成功发动和组织了全市织布工人的总罢工，并在此基础上，于1818年正式成立了格拉斯哥市纺织工人工会。这是世界上第一个以产业形式出现的工会组织。1824年，英国资产阶级政府被迫取消了禁止工人结社的法律，从此，在英国及欧美其他主要资本主义国家先后出现了一大批合法的产业工会组织。

我国早期的产业工会诞生于20世纪初期，经历了艰难的发展过程。邓中夏在《中国职工运动简史》中指出："中国产业工人还是很新的阶级，大家都知道这一阶级只是在欧战期间因中国工业相当发展才形成。在此之前，中国很少产业工人，主要的都是手工业工人和苦力。因此在工人中也就只有行会，只有帮口，只有秘密结社。"1840年鸦片战争后，随着英国、美国、德国和俄国等资本主义国家的经济殖民势力及其买办进入我国开办工厂，清政府具有维新思想的洋务派官员以及满怀实业救国思想的民族资本家兴办洋务实业，中国开始出现了近代工业和近代产业工人。1895年至1913年，即中日甲午战争至第一次世界大战前，随着中国近代工业的发展、产业工人队伍的壮大，中国早期的工人运动逐步兴起。当时，为了适应斗争的需要，在工人中出现过一些受小资产阶级代表人物影响的工人团体。1914年至1918年，即从第一次世界大战爆发到五四运动前夕，由于工人阶级队伍迅速壮大以及辛亥革命的影响，各产业部门和手工业行业的罢工斗争此起彼伏，并在斗争中出现了产业工会组织的萌芽，如1912年至1916年，上海工人先后在造船厂创建了"制造工人同盟会"，在商务印书馆成立了"集成同志社"等。同一时期，还在哈尔滨的中俄铁路工人中成立了"中东铁路职工联合会"，并在十月革命的影响下，于1918年5月举行了反对沙俄残余势力统治的罢工斗争。这些都是中国早期的产业工会组织。

产业工会在我国的出现具有重大的社会政治意义。第一，产业工会的出现，是工人阶级开始由自在阶级走向自为阶级的重要标志之一，是产业工人开始由分散走向团结的基本象征。第二，产业工会一出现，便肩负着维护产业职工权益的历史使命，产业工人也从此有了自身利益的表达者和维护者。第三，产业工会的出现，为促进工人阶级的团结、工人运动和工会运动的协调和统一打下了坚实的组织基础。

第二节　中国产业工会的发展历程

中国产业工会已经走过百年不平凡的历程。历史事实表明，中国产业工会是在中国共产党领导的反抗帝国主义、封建主义和官僚资本主义的伟大斗争中产生的，又在中国共产党领导的社会主义革命和建设以及改革开放和社会主义现代化建设的伟大事业中不断发展壮大。了解中国产业工会的历史发展，对于进一步认识中国产业工会的地位和作用，探索中国产业工会的特点和规律，开创中国特色社会主义产业工会工作新局面具有十分重要的意义。

一、新民主主义革命时期的产业工会

以 1919 年五四运动为标志，中国工人阶级作为独立的政治力量登上了政治舞台，中国产业工会开始进入了迅速成长、积极投入中国共产党领导的新民主主义革命的发展时期。

五四运动后，随着马克思主义在中国的广泛传播和新文化运动的兴起，早期共产党组织在各地相继成立。各地共产党组织成立之初，就把建立产业工会、发动工人运动作为基本任务。正是在这样的历史环境下，一批崭新的现代产业工会破土而出，如 1920 年 11 月成立的“上海机器工会”以及 1921 年 3 月成立的“中华海员工业联合总会”，就是在共产主义小组领导下最早成立的地方性产业工会和全国性产业工会。1921 年 7 月，中国共产党第一次全国代表大会通过的《关于当前实际工作的决议》明确提出：“本党的基本任务是成立产业工会。凡有一个以上产业部门的地方，均应组织工会，在没有大工业而只有一

两个工厂的地方，可成立比较适于当地条件的工厂工会。”1922年7月，中国共产党第二次全国代表大会通过的《关于“工会运动与共产党”的议决案》要求各地党组织集中力量组织产业工人工会。1922年，第一次全国劳动大会在《全国总工会组织原则的决议案》中提出：“凡能采用产业组合的，都应一律应用产业组合法去组织工会。”按照产业组合法，在当时已经出现中华海员工业联合总会、粤汉铁路工人俱乐部、汉口人力车夫总会等行业工会的基础上，开始组建更多的产业工会。到1925年第二次全国劳动大会召开时，已经组建了中华全国铁路总工会、汉冶萍总工会、中华海员工业联合总会、广州工人代表会4个产业工会组织。

第二次全国劳动大会后，产业工会组织有了一定发展。1926年，在中华全国铁路总工会指导下进行活动的有60多个铁路工会组织。海员工会在香港设总工会，在广州、上海、汕头、中山、天津等地设立了分会。此外，矿山、纺织、五金、印刷、邮政、运输码头等行业，在一些城市或地区也建立了产业工会。1926年5月，第三次全国劳动大会指出，在产业落后的中国，各种产业虽在幼稚时代，“但就各地组织发展来看，除铁路、海员已有全国组织外，其余皆有进行全国组织之可能，全国总工会今后应该注意这几种产业工人之组织；发展到相当程度时，即组织全国各种产业总工会”。

1927年4月，蒋介石发动四·一二反革命政变以后，中国共产党科学分析了当时工人运动的形势，明确指出：“目前中国的工人运动迫切需要全国各产业总工会及健全的全国总工会进行领导。中华全国总工会必须竭力健全各产业工会，以领导全国的工人运动。”根据这一判断，在1927年6月召开的第四次全国劳动大会上明确要求，“在各大城市联合产业性质相近的工会，组成当地各种产业总工会。尽可能将得力人员、工作职权及经费集中在这些产业总工会”。在这样的形势和任务要求下，上海陆续建立起纺织、印刷、金属、邮政、海员、铁路、市政等16个产业工会，并由这些产业工会和工会联合会（区域组织）组成上海总工会。1929年11月召开的第五次全国劳动大会再次提出：“首先要在产业工人如铁路、海员、矿山、兵工、市政、纺织等建立下层的强固的工会组织，在全国各地同一产业的工会有相当发展时，立即组织全国各种产业总工会。”然而，由于国民党政府对工人运动和工会组织的残酷镇压，致使我党多次提出的建立和发展全国和地方产业工会的任务未能完全实现。就是已经建立和准备建立的产业总工会、产业工会联合会，也被迫转入地下，或被扼杀在襁褓之中。但是，工会运动在革命根据地有相当的发展。

1948年8月，中国革命胜利前夕召开的第六次全国劳动大会是中国工人阶级和工会组织走向团结和统一的大会，也是我国产业工会重新走向发展的标志性大会。会议主张工会组织以产业为基础，按照产业原则组织工会。当时由于大片地区还处在国民党统治之下，按照产业原则建立各个产业系统工会的目标尚难实现。

1949年5月，刘少奇在华北职工代表会议上作的关于工会工作的报告中要求尽快建立全国性产业工会。他提出：“列宁说，无产阶级的力量在于组织。”“我想是否可这样组织：也按各种产业、各种公司，凡有全国性公司的，就组织全国性的工会，如全国的铁路总工会，纺织总工会等。”“店员工会、码头运输工会、文化教育工作者工会、政府机关工作人员工会，都可以各有自己全国性的总工会。”中华全国总工会按照刘少奇的要求，责成全国铁路总工会、全国邮政及电信工会，尽快召开全国代表大会，并决定成立纺织、煤炭、五金、食品、文化教育、出版、轻工业、店员等全国性的产业工会工作委员会。

1949 年 8 月，中华全国总工会作出《关于工会组织系统与工会关系问题的决定》，提出：工会是工人阶级的群众组织，按产业建立工会是组织工会的基本原则。但由于中国产业的不发达、社会经济的复杂情况以及地区的辽阔分散，不可能立即在全国范围内把工人群众都按产业系统组织起来。当时，只有铁路、海员、邮电三种产业工人已具备建立全国性产业工会的条件，其余各种产业工会还只能以城市为单位或地区为单位建立自己的产业工会。

二、社会主义革命和建设时期的产业工会

1949 年 10 月 1 日，中华人民共和国宣告成立，中国工人阶级从被剥削、被压迫的阶级成为国家的领导阶级，中国产业工会也迎来了加速成立、扩大发展、适当调整、积极投入建设新中国的新纪元。

在新中国成立的当月，中共中央要求工人阶级迅速组织起来，首先把产业工人组织起来，以恢复和发展生产，解决工人生活中的迫切问题。中华全国总工会根据中央指示精神发出了《关于进一步统一各地工会组织的通知》，要求在半年内，建立起铁路、邮电、海员、纺织、燃料（或煤矿与电气事业）、五金（包括军工）、食品、教育工作者、出版印刷事业、搬运工人等 10 个或 12 个全国产业工会。

1950 年 4 月，中华全国总工会召开全国组织工作会议，对产业工会的建立提出了范围更大、进度更快的要求。会议决定建立 22 个全国产业工会，规定全国产业工会必须进行的全国统一性的工作为：（1）参加各产业部门的行政管理机关制定生产业务的各项计划，发动全国性的生产竞赛与开展合理化建议运动，保证完成与超额完成生产计划，并及时总结与交流经验；（2）代表该产业部门中的全体工人、职员，与行政主管机关签

订全国统一的集体合同，并按级领导和批准所属工会组织与该级行政方面或资方签订集体合同及按时检查与总结集体合同执行情况；（3）协助行政或资方检查安全卫生情况，向行政或资方提出对于安全卫生的设备及改造的建议，并监督执行；（4）有计划地进行职工的业务技术、文化等教育，培养干部；（5）规定上述各项工作在全国统一的工作计划，以及各个时期的工作重点与步骤；（6）有关产业统一性的工资问题与劳动保险工作。会议还对产业工会的名称和组织范围作了具体规定。在中华全国总工会统一领导和安排下，1951 年已建立 9 个产业工会全国委员会，7 个筹备委员会，3 个工作委员会。同时，各大城市总工会也按照产业工会的组织原则，相继建立起一批市级产业工会。各全国产业工会从本产业特点出发，面向生产，大力总结推广先进经验，开展社会主义劳动竞赛，对完成本产业部门的生产任务，起了很好的作用。

1951 年 12 月，中华全国总工会党组召开第一次扩大会议，对全国产业工会建立的情况进行了检查，并决定对全国产业工会的设置进行适当调整。1952 年，中华全国总工会根据第一次党组扩大会议精神，提出了《关于调整产业工会组织形式与地方工会领导关系的方案》，决定将全国产业工会与地方工会的关系调整为：（1）产业发展在全国已有一套垂直领导系统的，如铁路、邮电、海员，以产业工会的统一领导为主，日常工作接受地方工会的领导；（2）产业相当发展，但还有一定地方性的，如纺织、电业、煤矿等产业工会，主要任务是解决产业统一性的问题，对下级组织的领导主要通过地方工会去实现；（3）店员、教育、医务、出版、食品等产业工会，一般都很分散、地方性强，以地方领导为主比较适宜，这类工会可以召开生产会议，但一般不做硬性的决议；（4）尚未成立产业工会的除必要者外，一般暂不成立。

1953年，国家进入大规模经济建设的新时期。为了适应当时国家经济形势发展的需要，中华全国总工会提出建立健全产业工会组织、加强产业工会建设的要求，很快建立了23个全国产业工会，其中全国委员会10个，工作委员会8个，筹备委员会5个。同年8月，中华全国总工会针对产业工会盲目过快建立的情况，决定对已有的23个产业工会进行调整，只保留全国产业工会15个。到1953年底，全国共有各级产业工会311个，其中，15个全国产业工会，76个大行政区产业工会机构，141个省和自治区产业工会及79个市县产业工会。此时，各产业工会贯彻以生产为中心的方针，广泛开展各种形式的劳动竞赛，积极配合行政完成生产任务。不少产业工会总结推广了一些适合本产业特点的先进生产经验，有力地促进了生产的发展。

1956年，随着我国社会主义改造任务的基本完成，中华全国总工会对产业工会的发展思路也更加明晰，并及时作出了《关于加强产业工会工作的决议》，要求争取在一两年内把已有的和应该建立的产业工会都健全和建立起来，除铁路、二机、海员、邮电4个产业工会已实行系统领导外，电业、石油、盐业、重工业、一机、煤矿、纺织、林业、公路运输9个产业工会对所属工会或大部分工会组织实行系统领导，建筑、农业、水利、轻工业、商业、教育6个产业工会对一部分地区的下属组织实行系统领导。与此同时，粮食、化工、建筑材料、军需生产等全国性产业工会先后建立，民用航空、地质、财政金融、医务4个全国性产业工会相继恢复。在中华全国总工会的领导下，全国各产业工会的组织机构和工作都有不同程度的加强，工作日趋活跃，内容也更加丰富多彩，尤其是各产业、各地区的社会主义劳动竞赛开展得轰轰烈烈，有声有色，产业部门的许多特殊问题都得到了较好解决。到1956年底，全国一级的产业工会有25个，省级产业工会240个，省属市级产业工会 348 个。

从 1957 年起，我国进入了大规模社会主义建设时期，中国产业工会也进入了明确组织体制、规定发展模式、确定职责范围、规范工作内容的新阶段。1957 年，中央在审查中国工会第八次全国代表大会的《中国工会章程草案》时，明确提出了“中国工会是按照产业和地区相结合的原则在民主集中制的基础上组织起来的”。根据这一精神，中华全国总工会决定除一部分必须在全国实行统一集中领导的产业工会外，其余产业工会的基层组织和地方组织的日常工作，主要是依靠地方工会联合会来领导。

1958 年 3 月，中共中央在成都召开工作会议，通过了《关于工会组织问题的意见的决议》，对中国工会及产业工会的体制作出了明确规定：各级工会组织应该以由同级党委领导为主，同时接受上级工会的领导；各省、市、自治区工会联合会可以考虑改为省、市、自治区总工会；产业工会的组织也应该作适当的调整，有的可以保留，有的可以适当合并，有的可以保留名义，有的可以取消。中华全国总工会当即建立体制小组，研究调整工会体制的方案。

1959 年 1 月，中华全国总工会主席团讨论通过了《关于全国总工会及各产业工会全国委员会的组织机构和组织制度的规定》，根据中央成都会议决议精神，对全国产业工会的机构设置、职责任务及其组织关系作出了明确规定。第一，产业工会全国委员会只保留重工业、一机、煤矿、水利电力、石油、建筑、地质、纺织、轻工业、铁路、邮电、公路、海员、教育、财贸（原合作社、商业、金融合并）、农林（农业与林业合并）16 个产业工会；粮食、民航、外事 3 个工作委员会撤销。第二，各产业工会全国委员会的具体任务是根据中共中央提出的政治任务、中心工作和全国总工会的要求，结合各产业的具体情况，着重面向基层抓典型，进行调查研究，反映情况，组织交流经验，进行国际联络工作。第三，全国产业工会对下的关系分别为：（1）大部分产业工会全国委员会可与下级组织建立相互联系，下级工会要将其向同级党委和地方工会的有关工作报告、专题材料等，抄送全国委员会；（2）铁路工会的区委员会以同级党委和地方工会领导为主，同时接受铁路工会全国委员会的领导。根据这个规定，中华全国总工会将产业工会全国委员会由原来的23个减少为16个，专职工作人员由1326人减为260余人。由产业工会集中管理的经费、劳动保险金，下放给地方工会；各产业工会全国委员会兴建和管理的117所疗养院、休养所，全部交给地方工会和相关行政部门。与此同时，各地产业工会也在各地总工会的领导下，普遍进行了组织上、体制上的调整。

"文化大革命"时期，产业工会被迫停止活动。在此期间，中华全国总工会机关除保留一个产业工会办公室外，各全国产业工会全部停止活动。

三、改革开放和社会主义现代化建设新时期的产业工会

以党的十一届三中全会为标志，中国产业工会进入了全面拨乱反正、恢复调整组织、理顺组织体制、明确指导思想、健全工作机制、展示自身作用的改革新时期。

1978年10月，中国工会九大通过《中国工会章程》，重申了中国工会八大确定的产业和地方相结合的工会组织领导原则，规定"同一国民经济部门或性质相近的几个国民经济部门，根据需要建立地方和全国性的产业工会或工作委员会"。此后，中华全国总工会根据工会工作发展的形势及各方面的反映，陆续恢复和建立了全国铁路总工会和邮电、轻工业、公路、海员、农林、纺织、财贸、地质、水电、石油、机械、建筑、教育、

煤矿、化学、冶金全国委员会，国防、民航工会工作委员会，银行工会领导小组 19 个产业工会全国组织。各全国产业工会也先后召开工作会议，总结历史经验，研究恢复本产业工会组织问题。中华全国总工会相继转发了各全国产业工会召开工作会议的文件，推动各地方产业工会组织恢复和整建工作。

1982 年 7 月，中华全国总工会根据中央关于精简机构的要求，将全国产业工会组织分别不同情况作了新的调整：（1）保持单独建立产业工会的有铁路、海员（含公路运输）、邮电、水电、教育；（2）合并建立产业工会的有冶金机械（含国防）、石油化学、煤矿地质；（3）保留名义，联合办公，实质上是全国总工会调查研究工作机构的，有纺织、轻工、财贸、建筑、农林。鉴于银行和民航两个部门在领导体制和业务上的特殊性，两个产业工会单独设置，实行民航总局党委和银行党组与中华全国总工会双重领导。这次机构改革后，全国产业工会减少到 11 个，其中有 3 个（铁路、民航、银行）是以行政主管部门党组领导为主，有 5 个产业工会（纺织、轻工、财贸、建筑、农林）实行联合办公。随着工作的发展，国防工会从机械工会中分离出来，成立国防工会工作委员会。轻工、财贸等 5 个产业工会的联合办公解体，各自作为产业工会的领导机关单独开展活动。

1983 年 10 月，中国工会十大通过的《中国工会章程》对发挥产业工会作用作了进一步的规定。《中国工会章程》强调，要发挥地方工会和产业工会两个积极性，并区别不同情况，将产业工会全国组织的领导体制分为三种情况：（1）行政生产、管理高度集中统一的产业部门，其工会组织的领导关系实行产业工会与地方工会双重领导，以产业工会领导为主，如铁路、民航；（2）产业具有很强的系统性，生产管理相对集中，其工会组织实行产业工会与地方工会双重领导；（3）管理权限基本在地方的产业，建立产业工会工作委员会，对下实行工作指导，其下属组织主要由地方工会领导。《中国工会章程》还强调建立市级产业工会的必要性。要求直辖市和大中城市总工会，主要通过市产业工会加强对基层工会的领导。在职工较多、部门比较分散的县和较小的市，也可以建立县、市产业工会。

1985 年初，中华全国总工会为了在经济体制改革中更好地发挥产业工会的作用，提出《关于发挥产业工会作用的几点意见》，包括：产业工会是工会组织的重要组成部分，在吸引职工群众参加改革，努力搞活企业、事业，提高经济效益和社会效益，提高职工素质，维护职工合法权益，完成四化建设任务等方面起着重要作用；产业工会全国组织与产业部是平等合作关系，在领导关系上，以中华全国总工会领导为主，同时接受部委党组的领导或指导；产业工会是一级组织，不是中华全国总工会机关的职能部门；为了给产业工会发挥作用创造必要的条件，中华全国总工会将在人权、财权、工作权、外事权等方面作一些简政放权的规定。随着中华全国总工会加强产业工会工作意见的贯彻落实，产业工会领导班子建设得到加强，中国工会十大至十一大期间，先后有铁路、民航、邮电、教育等产业工会召开全国代表大会，选举产生了新的领导机构，其他产业工会也都相应加强了领导班子建设。

自 1986 年以来，一些城市在经济体制改革中，按行业建立产业工会联合会，由各成员企业的工会主席作委员，并民主选举联合会主席，形成了依靠全体委员决策、主席与秘书长办公会议协商执行的运行机制，促进了产业工会群众化和民主化建设。中华全国总工会肯定了这种联合制、代表制的工会组织体制，并把它明确写入了《中国工会章程》。

1988 年，中国工会十一大以后，中华全国总工会对产业工会的工作给予充分肯定。同时，根据产业工会工作的指导思想和工作重点还不够明确、组织体制还没有完全理顺、多数产业工会领导机构还不健全等实际状况，于1990年先后印发《关于加强全国产业工会建设的若干问题的意见》和《关于进一步建立健全产业工会全国委员会若干问题的暂行规定》，要求逐步把产业工会建设成为有利于发挥产业特色，结构合理、运转协调、灵活高效的组织，并对健全全国产业工会领导班子和调整加强其工作机构等问题提出了具体意见。为强化产业工会更好地代表本产业职工的利益诉求，加强源头参与和宏观维护的功能，理顺产业工会与地方工会的关系，按照产业工会的体制应与对应的产业部的体制相适应的原则，《关于加强全国产业工会建设的若干问题的意见》将产业工会分为三种类型：（1）凡经济部门实行系统管理体制的，与其对应的产业工会，也应实行以产业工会领导为主，同时接受地方工会领导的体制；（2）一些经济部门人、财、物的管理相对比较集中，跨省市的大企业比较多，与其对应的产业工会，可以逐步向加强产业工会组织领导的方向过渡，待条件成熟时，再对其体制作必要的调整；（3）其余大部分经济部门，其人、财、物的管理权基本上是集中于地方的，与这些经济部门相对应的产业工会，均实行以地方工会领导为主，同时接受上级产业工会业务指导的体制。《关于加强全国产业工会建设的若干问题的意见》要求，逐步健全产业工会领导机构，抓紧配备产业工会干部。产业工会全国委员会应民主选举产生，有些可以实行联合制、代表制产生全国委员会，以改变多数产业工会名为全国委员会，实则没有委员的不正常状态。全国委员会主席、副主席可配兼职，并设常委会，实行民主集中制。到1991年，各全国产业工会按照《关于加强全国产业工会建设的若干问题的意见》要求，先后召开了新一届代表大会或委员会全体会议，健全了产业工会全国领导机构。铁路、民航、金融、邮电等产业工会实行以产业工会领导为主的体制。到 1997 年底，全国共有全国产业工会 16 个，县以上地方产业工会 17549 个。

1998 年以来，随着中央国家机关机构改革，相当数量的国务院所属经济管理部门被撤销、合并，一些产业工会失去了对应联系的政府部门，产业工会工作特别是源头参与工作遇到许多新情况、新问题。2000 年，中共中央办公厅、国务院办公厅印发了《关于印发〈21 个群众团体机关机构改革意见〉的通知》。根据通知精神，中华全国总工会党组研究制定了《中华全国总工会机关机构改革方案》，决定将原有的 23 个内设局级机构改为 22 个，其中，中华全国总工会机关职能部门由 11 个调整为 15 个，驻会全国产业工会由 13 个调整为 7 个。它们是中国教科文卫工会、中国海员建设工会、中国能源化学工会、中国机冶建材工会、中国国防邮电工会、中国财贸轻纺烟草工会、中国农林水利工会。这些全国产业工会（除中国国防邮电工会的邮电系统实行以产业领导为主的体制外）所属地方产业工会实行产业工会与地方工会双重领导，以地方工会领导为主的组织领导体制。驻产业部委的产业工会有 3 个，它们是中华全国铁路总工会、中国民航工会、中国金融工会，继续实行以产业工会领导为主的组织领导体制。与此同时，各级地方总工会根据中华全国总工会机构设置和本地实际情况，相继对本地产业工会的设置作了相应调整。

2008 年 6 月，中华全国总工会召开了全国产业工会工作会议并下发了《关于加强和改进新形势下产业工会工作的意见》，对加强新形势下产业工会主要职责、工作目标任务、建立健全产业工会组织体系、建立适应市场经济要求的产业工会工作运行机制和工作方式等作出了明确规定和要求。这就需要全国各级产业工会结合社会主义市场经济条件下本产业职工发展变化的新特点，积极探索适应新形势、新情况的产业工会工作规律，自觉坚持走中国特色社会主义工会发展道路，不断推进产业工会工作走向新的发展阶段。

第三节　中国特色社会主义新时代以来的产业工会

党的十八大以来，习近平总书记对党的工运事业和工会工作高度重视，深刻阐明了工会工作的地位作用、目标任务、实践要求，科学回答了工人阶级和工会工作一系列方向性、根本性、战略性重大问题，形成了习近平总书记关于工人阶级和工会工作的重要论述。习近平总书记关于工人阶级和工会工作的重要论述是习近平新时代中国特色社会主义思想的重要组成部分，丰富和发展了党的群众工作理论和工运理论，是推动新时代工运事业和工会工作创新发展的根本遵循。

2015 年 1 月，党中央印发《中共中央关于加强和改进党的群团工作的意见》，强调改革创新是群团工作发展进步的不竭动力，要不断推进群团工作和群团组织建设理论创新、实践创新、制度创新。7 月，中央党的群团工作会议召开，习近平总书记发表重要讲话，对群团组织改革创新提出明确要求，强调要在群团组织中深入推动思想教育、问题整改、体制创新，转变思想观念，强化群众意识，改进工作作风，提高工作水平。7 月下旬，党中央决定在全国总工会开展中央群团机关改革试点。11 月 9 日，习近平总书记主持召开中央全面深化改革领导小组第十八次会议，审议通过《全国总工会改革试点方案》，对推进党的群团改革作出重要指示、提出明确要求。这是党中央从统筹推进“五位一体”总体布局和协调推进“四个全面”战略布局出发、加强和改进新形势下党的群团工作的重要举措，是全国总工会和各级工会必须完成的一项重大的政治任务，更是各级产业工会必须完成的重大政治任务。

2015年12月7日，按照《全国总工会改革试点方案》中“本届各驻会全国产业工会全委会委员中劳模和一线职工比例分别提高到9%以上。常委会成员中劳模和一线职工比例分别提高到9%以上。分别增设2名兼职副主席”的要求，经全国总工会党组第五十次会议审议通过，全国总工会组织部印发了《关于提高各驻会全国产业工会全委会委员、常委会成员中劳模和一线职工比例工作实施意见》，要求各驻会全国产业工会提高领导机构中劳模和一线职工比例。2016年1月，中国教科文卫体工会等6个产业工会在全国委员会全体会议上履行民主程序；8月，中国农林水利气象工会召开全国委员会全体会议履行民主程序。各驻会产业工会确认了劳模和一线职工委员，选举了劳模和一线职工兼职副主席、常委。7个驻会全国产业工会实现全委会委员、常委会成员中劳模和一线职工比例提高到9%以上，分别增设2名兼职副主席，切实增强了各全国产业工会领导机构的群众性、代表性。

2016年10月，根据《全国总工会改革试点方案》提出的“支持产业工会开展具有各自特色的维权服务等工作，改进方式方法。围绕产业战略布局和发展、维护产业职工合法权益等开展专题调研，提出政策和工作建议，有效发挥产业工会的职能作用”的要求，全国总工会召开了全国产业工会工作会议。会议强调，要深入学习贯彻习近平总书记系列重要讲话精神特别是关于工人阶级和工会工作的重要论述，贯彻落实中央党的群团工作会议和全国国有企业党的建设工作会议精神，深入推进产业工会工作创新发展，全面提高产业工会工作水平，在团结引导广大职工为实现中国梦而努力奋斗中充分发挥产业工会的作用。会上研究讨论了《中华全国总工会关于深入推进产业工会工作创新发展的意见（征求意见稿）》，中国机械冶金建材工会等7个单位介绍了经验做法。2016年11月，全国总工会印发了《中华全国总工会关于深入推进产业工会工作创新发展的意见》，从7个方面明确了深入推进产业工会创新发展的具体要求，推动各级工会把推进产业工会工作创新发展作为重要责任，加强组织领导，加大支持保障，为产业工会工作创造有利条件。各级产业工会聚焦重点、突破难点，找准产业工会体现价值的着力点，充分展示产业工会新形象和新作为，探索形成具有中国特色的产业工会工作新格局。

按照全国总工会党组统一部署，根据《中华人民共和国工会法》和《中国工会章程》有关规定，2017年2月，中国海员建设工会、中国能源化学地质工会、中国机械冶金建材工会、中国国防邮电工会、中国财贸轻纺烟草工会、中国农林水利气象工会6个驻会全国产业工会进行了集中换届，选举产生出第四届全国委员会领导机构；9月，中国教科文卫体工会进行了换届，选举产生出第四届全国委员会领导机构。各全国产业工会的领导机构得到进一步加强。在全国总工会的领导下，各全国产业工会改革创新的同时，各级产业工会坚持问题导向，有力有序地推进工会系统改革，在加强对产业工会组织领导、健全组织体系、完善体制机制、创新方式方法、提高产业工会委员中劳模和一线职工比例等重点领域和关键环节持续精准发力，取得了显著成效，各级产业工会工作不断创新发展。

2017年2月6日，习近平总书记主持召开中央全面深化改革领导小组第三十二次会议，审议通过《新时期产业工人队伍建设改革方案》，会议指出，工人阶级是我国的领导阶级，产业工人是工人阶级的主体力量。要从巩固党的执政基础的高度，从促进我国经济社会持续健康发展的高度，加快产业工人队伍建设改革，坚持全心全意依靠工人阶级的方针，按照“政治上保证、制度上落实、素质上提高、权益上维护”的总体思路，针对影响产业工人队伍发展的突出问题，创新体制机制，提高产业工人素质，畅通发展通道，依法保障权益，造就一支有理想守信念、懂技术会创新、敢担当讲奉献的宏大的产业工人队伍。习近平总书记关于产业工人队伍建设的重要论述，站在党和国家工作全局的战略高度，深刻回答了我国工运事业特别是产业工人队伍建设改革中一系列重大理论和实践问题，为推进工会工作以及产业工会工作提供了根本遵循和行动指南。

2017 年 4 月，中共中央、国务院印发了《新时期产业工人队伍建设改革方案》，就产业工人队伍建设改革专门进行谋划和部署。《新时期产业工人队伍建设改革方案》指出要按照“政治上保证、制度上落实、素质上提高、权益上维护”的总体思路，针对影响产业工人队伍发展的突出问题，采取有力举措，加快改革步伐，创新体制机制，提高产业工人素质，畅通发展通道，依法保障权益，确保改革任务落地见效。《新时期产业工人队伍建设改革方案》要求，建立贯彻落实协调机制，由全国总工会牵头、各相关部门参与，加强对产业工人队伍建设改革的宏观指导、政策协调和组织推进。这是党中央赋予全国总工会的一项重大政治任务。《新时期产业工人队伍建设改革方案》明确提出，要创新面向产业工人的工会工作，认真抓好各项政策措施的落实，这为产业工会发挥作用搭建了新舞台、提供了新载体、带来了新契机。产业工会在推进产业工人队伍建设改革中具有独特优势和作用，这是产业工会义不容辞、责无旁贷的任务。

2017 年 10 月，党的十九大胜利召开。大会作出了中国特色社会主义进入新时代、我国社会主要矛盾已经转化为人民日益增长的美好生活需要和不平衡不充分的发展之间的矛盾等重大政治论断，深刻阐述了新时代中国共产党的历史使命，确立了习近平新时代中国特色社会主义思想的历史地位，提出了新时代坚持和发展中国特色社会主义的基本方略，确定了决胜全面建成小康社会、开启全面建设社会主义现代化国家新征程的目标，进一步指明了党和国家事业的前进方向。坚持以习近平新时代中国特色社会主义思想为指导，深入学习贯彻党的十九大精神，加强和做好新时代产业工会工作，是各级产业工会始终把握的前进方向、根本遵循和行动指南。党的十九大报告中有关工人阶级和工会工作的重要论述，对包括产业工会在内的各级工会组织提出了新任务、新要求，符合工人阶级根本利益和长远利益，给广大职工带来了更大的福祉，进一步激发了广大职工的劳动热情和创造活力。

2017 年 12 月 26 日，全国总工会在京召开产业工会工作座谈会，会议强调要深入学习贯彻习近平新时代中国特色社会主义思想和党的十九大精神，从政治和大局出发，统一思想、提升站位，明确方向、强化担当，以求实的精神、扎实的作风、务实的举措，持续加大《新时期产业工人队伍建设改革方案》的落实力度，深入推进新时代产业工会工作创新发展。会上，安徽省总工会、北京市工业（国防）工会、江苏省财贸轻纺工会、上海建工集团股份有限公司工会 4 个地方和产业工会介绍了推进产业工会工作创新发展的经验，10 个全国产业工会汇报了学习贯彻习近平新时代中国特色社会主义思想和党的十九大精神，贯彻落实《新时期产业工人队伍建设改革方案》、推进产业工会工作创新发展等情况。

2018 年 2 月，党的十九届三中全会审议通过了《中共中央关于深化党和国家机构改革的决定》和《深化党和国家机构改革方案》，这是以习近平同志为核心的党中央从党和国家事业发展全局的战略高度出发，作出深化党和国家机构改革的重大政治决策，这是贯彻落实党的十九大精神的一项重大举措，是新时代全面深化改革的一项重大举措，对决胜全面建成小康社会、开启全面建设社会主义现代化国家新征程、实现中华民族伟大复兴的中国梦具有十分重大的现实意义和深远的历史意义。这对包括产业工会在内的各级工会组织提出了更高要求，要按照党中央统一部署，以增强政治性、先进性、群众性为主线，结合产业工会工作实际，认真研究谋划产业工会工作，把产业工会建设得更加充满活力、更加坚强有力。

2019 年 10 月，党的十九届四中全会胜利召开，会议审议通过了《中共中央关于坚持和完善中国特色社会主义制度、推进国家治理体系和治理能力现代化若干重大问题的决定》。全国总工会要求，各级工会全面系统学习领会习近平总书记重要讲话和中央作出的决定精神，开展多形式、多层次的学习培训活动，深入基层、一线向职工广泛宣传宣讲四中全会精神，把学习贯彻四中全会精神与做好工会各项重点工作结合起来，增强"四个意识"、坚定"四个自信"、做到"两个维护"，推动四中全会精神在工会系统落实落地。特别是产业工会，要聚焦重点抓落实，着力提升产业工人技能水平，创新产业工人发展制度，发展壮大产业工人队伍，不断推动产业工人队伍建设改革向纵深发展。要深化工会改革创新，不断完善产业工会工作各项制度机制，增强工会组织的政治性、先进性、群众性。坚持落实到基层、落实靠基层理念，进一步扩大工作覆盖面和影响力；加强产业工会领导班子和干部队伍建设，打造一支熟悉产业经济、群众工作本领过硬的高素质专业化的工会干部队伍；加强调查研究和理论研究，努力把握新时代产业工会工作的新特点新规律，不断推动产业工会工作创新发展。

2020 年 10 月 29 日，中国共产党第十九届中央委员会第五次全体会议通过的《中共中央关于制定国民经济和社会发展第十四个五年规划和二〇三五年远景目标的建议》，在谈到"推进社会主义政治建设"时强调，坚持党的领导、人民当家作主、依法治国有机统一，推进中国特色社会主义政治制度自我完善和发展。保障人民依法通过各种途径和形式管理国家事务、管理经济文化事业、管理社会事务。健全基层群众自治制度，增强群众自我管理、自我服务、自我教育、自我监督实效。发挥工会、共青团、妇联等人民团体作用，把各自联系的群众紧紧凝聚在党的周围。按照《建议》提出的要求，各级产业工会组织坚持党的领导、职工当家作主、依法治会有机统一，推进中国特色社会主义工会制度自我完善和发展。坚持和完善职工代表大会制度，加强职代会对重大决策事务的监督，搭建广大职工广泛参与管理国家事务和社会事务、管理经济和文化事业的平台，保障职工知情权、参与权、表达权、监督权。健全基层职工群众自治制度，增强职工群众自我管理、自我服务、自我教育、自我监督实效，团结广大职工群众紧紧凝聚在党的周围。同年 12 月，全国总工会办公厅印发了《中华全国总工会关于推行企业集团职工代表大会制度的意见》，为产业工会深化职工代表大会制度提出明确要求。

2021 年 7 月，全国总工会发布《中国工运事业和工会工作“十四五”发展规划》，明确“十四五”时期中国工运事业和工会工作发展的总体要求、重点任务和保障措施。《规划》共包括十二个部分，阐明了“十四五”时期工会工作的指导思想和目标任务，从 9 个方面谋划了未来 5 年的重点工作，进一步突出了思想政治引领的政治责任、产业工人队伍建设改革、新就业形态劳动者入会和维权服务、提升职工生活品质、构建和谐劳动关系、工会改革创新等特色亮点，从素质提升、精准服务、依法维权、组织建设等 4 个方面研提了 18 个数据指标，对未来 5 年的工会工作提出了明确的期量性要求，并就落实《规划》提出了具体举措。2021 年 9 月，全国产业工会工作座谈会召开，会议强调，做好新时代产业工会工作意义十分重大，《规划》

在制定过程中，将发挥产业工会作用作为重点工作来谋划。会议指出，产业转型升级给产业工会工作带来了新机遇新挑战，职工队伍结构变化对产业工会工作提出了新课题，满足职工美好生活需要对产业工会提出了新任务，深化工会改革创新对产业工会工作提出了新要求，各级产业工会要加强产业职工思想政治引领，组织产业职工建功立业，加强产业职工维权服务，维护产业职工队伍和社会大局和谐稳定，加强产业工会组织体系建设。会议提出，要加强对产业工会工作的统筹谋划，加强对产业工会的支持保障，推进产业工会自身建设。会议要求，为进一步做好产业工会工作，要深入开展“大学习”活动，着力提高工作本领；深入开展“大调研”活动，助力破解问题难点；深入开展“大走访”活动，着力强化学习互鉴；深入开展“大实践”活动，着力拓展工作成果；深入开展“大支持”活动，着力把握资源手段。全国总工会领导前往 10 个全国产业工会调研以及赴地方调研时，多次就做好产业工会工作发表讲话、提出要求。

2021 年 10 月，党的十九届六中全会召开，这是在我们党成立一百周年之际，党领导人民实现第一个百年奋斗目标、向着实现第二个百年奋斗目标迈进的重大历史关头召开的一次十分重要的会议。11 月，全国总工会印发《关于深入学习宣传贯彻党的十九届六中全会精神的通知》，要求各级工会把学习宣传贯彻六中全会精神作为当前和今后一个时期的重大政治任务，深刻把握六中全会精神的重大意义，在各级产业工会干部和广大职工群众中迅速掀起学习宣传贯彻热潮，把全会精神转化为指导实践、推动工作的强劲动力，凝聚起建功“十四五”、奋进新征程的磅礴力量。

进入新时代的十多年来，在以习近平同志为核心的党中央坚强领导下，全国总工会及各级产业工会全面贯彻习近平新时代中国特色社会主义思想，深入学习贯彻习近平总书记关于工人阶级和工会工作的重要论述，坚定不移走中国特色社会主义工会发展道路，各项工作都取得重要进展和新成效。尤其是各级产业工会在职工思想政治引领、产业工人队伍建设改革、团结亿万职工建功立业、新就业形态劳动者权益保障、困难职工解困脱困、构建和谐劳动关系和工会改革创新等方面努力奋斗，发挥了积极作用。

2022 年 10 月，党的二十大胜利召开。大会取得的一系列重大政治成果、理论成果、实践成果，对于党在新征程上团结带领全国各族人民全面建设社会主义现代化国家、全面推进中华民族伟大复兴具有重大的现实意义和深远的历史意义。党的二十大描绘了全面建设社会主义现代化国家、全面推进中华民族伟大复兴的宏伟蓝图，为新时代新征程党和国家事业发展、实现第二个百年奋斗目标指明了前进方向、确立了行动指南。各产业工会充分发挥本产业中党的二十大代表、劳动模范、大国工匠等先进人物的示范引领作用，带动各级工会和广大职工群众学习宣传贯彻党的二十大精神不断走深走实，在全面学习、全面把握、全面落实上下功夫、见成效，推动新时代新征程党的工运事业和工会工作开创新局面。引领本产业职工深刻领悟“两个确立”的决定性意义，进一步增强“四个意识”、坚定“四个自信”、做到“两个维护”，始终在思想上政治上行动上同以习近平同志为核心的党中央保持高度一致，更加紧密地团结在党中央周围，沿着习近平总书记指引的方向奋勇前进，一步一个脚印把党的二十大作出的重大决策部署付诸行动、见诸实效，团结动员亿万职工为新时代新征程党和国家事业发展、实现第二个百年奋斗目标贡献智慧和力量。

思考题：

1. 什么是产业？
2. 什么是产业工会？
3. 新时代中国产业工会创新发展的有利契机有哪些？

第二章　产业工会的地位和职责

中国工会是中国共产党领导的职工自愿结合的工人阶级群众组织，是中国共产党联系职工群众的桥梁和纽带。产业工会是中国工会的重要组成部分。在中国特色社会主义进入新时代的历史征程中，产业工会肩负着重要历史使命，需要充分发挥产业工会在促进产业改革发展、协调产业劳动关系、维护产业职工利益、推动工会全局工作开展中的重要作用。

第一节　产业工会的地位

一、产业工会是一级重要工会组织

产业工会是由同一行业或性质相近的几个行业职工组成的具有社团法人资格的工会组织。

《中华人民共和国工会法》明确规定："中华全国总工会、地方总工会、产业工会具有社会团体法人资格。"

《中国工会章程》规定："中国工会实行产业和地方相结合的组织领导原则。同一企业、事业单位、机关、社会组织中的会员，组织在一个基层工会组织中；同一行业或者性质相近的几个行业，根据需要建立全国的或者地方的产业工会组织。除少数行政管理体制实行垂直管理的产业，其产业工会实行产业工会和地方工会双重领导，以产业工会领导为主外，其他产业工会均实行以地方工会领导为主，同时接受上级产业工会领导的体制。”“全国产业工会、各级地方产业工会、乡镇工会、城市街道工会和区域性、行业性工会联合会的委员会，可以按照联合制、代表制原则，由下一级工会组织民主选举的主要负责人和适当比例的有关方面代表组成。”

由此，可以清楚地看到，产业工会是由国家法律、《中国工会章程》明确界定的一级工会组织，不能等同于一级工会组织中职能部门和内设机构。具体表现为：产业工会实行委员会下设委员的体制，由产业工会代表大会选举产生产业工会委员会或按照联合制、代表制原则组成产业工会委员会；产业工会委员会负责审议和批准产业工会的工作报告；产业工会具有社会团体法人资格。

坚持什么样的组织领导体制，是事关我国工会性质和工运事业发展的重大问题。在长期实践中，中国工会确立起了产业和地方相结合的组织领导原则，坚持民主集中制，坚持全国建立统一的中华全国总工会。这种组织体制，有利于发挥产业和地方工会的积极性，有利于维护工人阶级的整体利益，有利于保持职工队伍的团结和工会组织的统一，必须始终坚持。

坚持工会组织的团结统一，是中国工会的组织原则和组织优势。中国工会是各产业工会和地方工会按照民主集中制原则组成的统一整体，产业工会是统一的中华全国总工会不可分割的重要组成部分。

在近年来推进工会改革中，全国总工会注重优化产业工会职能，为产业工会配强配齐干部，为做好产业工会工作把关定向。各级工会出台了一系列支持产业工会工作的措施办法，在干部配备、经费使用和资源手段等方面给予产业工会支持和保障。比如，北京市总工会健全定期研究产业工会工作制度，产业工会向市总党组和全国产业工会汇报工作制度，与政府有关部门、行业协会（商会）、龙头企业、各区总工会、市总机关部门等协调协作工作机制。辽宁省总工会制定《辽宁省总工会关于加强产业工会建设的实施意见（试行）》，先后召开全省产业工会主席工作交流研讨会、省属企业工会工作会议等。云南省总工会制定《关于理顺升级产业厅局（公司）工会组织隶属关系的意见》，按照组织关系、单位性质、行业分类、工作需要等原则划转产业工会组织关系。

二、产业工会是产业职工利益的代表者

产业发展是国民经济发展的基础，产业职工是工人阶级的主体。不同产业的职工有各自不同的利益诉求，充分表达本产业职工利益诉求，维护产业职工合法权益，是产业工会的职责所在。

随着改革的深化、产业结构的调整和政府对产业调控方式的转变，劳动关系矛盾的产业性特征更加突出，产业职工利益与产业政策的关联度日益增强。产业工会要发挥对产业政策熟悉、与企业和职工联系紧密的优势，在协调产业劳动关系、维护产业职工合法权益等方面充分体现其作为。要旗帜鲜明地支持产业改革发展，在维护全体职工和全国人民总体利益的基础上，突出做好产业职工具体利益维护，做产业职工利益的忠实代表者和维护者，推动解决本产业职工最关心、最直接、最现实的利益问题。

（一）代表和维护产业职工的合法权益是产业工会与生俱来的历史使命和基本职责

工会是职工自愿结合的工人阶级的群众组织，职工参加和组织工会的目的是期望工会能够代表和维护他们的权益。工会是经济关系、劳动关系矛盾的产物，工会的属性和职工的意愿决定了维护职工权益是工会组织安身立命之本。如果不能有效地维护职工的利益，工会就无法赢得职工的信赖和支持，就会

动摇它存在的前提和基础。从这个意义上讲，维护职工权益是工会运动的普遍规律和一般要求。作为一级工会组织的产业工会，代表和维护产业职工的合法权益，也正是遵从这个普遍规律的具体反映。同时，作为产业职工的群众性组织，产业工会有特定的职工群体作为其代表和服务的对象，这就决定了产业工会作为产业职工合法权益代表者和维护者的特殊的社会身份和作用。

（二）代表和维护产业职工的合法权益是由社会主义初级阶段的主要矛盾决定的

在我国，社会主义制度的确立，为实现、维护和发展广大产业职工的合法权益提供了最坚实、最根本的制度保证。党的十九大报告作出了我国目前处于并将长期处于社会主义初级阶段的科学判断。在社会主义初级阶段，随着社会主义市场经济体制的建立和不断完善，在坚持公有制为主体、多种所有制经济共同发展的现实背景下，我国社会利益关系更加复杂，社会经济成分、组织形式、就业方式、利益关系和分配方式呈现多样化，不同产业之间、同一产业不同职工群众之间的利益差异扩大，劳动定额、工资标准、劳动保护等带有更明显的产业、行业特点，需要产业工会从产业、行业特点出发加强协调劳动关系。同时，政府对产业调控的方式更多地转变为政策指导和市场引导，产业职工利益与国家产业政策的关联度进一步提高，需要产业工会加强宏观和源头参与，从产业层面协调劳动关系，推动建立与社会主义市场经济相适应的新型产业劳动关系，充分代表和维护产业职工合法权益。

当前，我国产业职工队伍在内部结构、就业形态、技能素质、权益实现、价值观念等方面出现了许多新情况、新问题、新变化，特别是在利益诉求方面呈现出新特征、新趋势。中国特色社会主义进入新时代，我国社会主要矛盾已经转化为人民日益增长的美好生活需要和不平衡不充分的发展之间的矛盾。广大产业职工日益增长的美好生活需要，就是包括产业工会在内的各级工会的奋斗目标。

（三）代表和维护产业职工合法权益是适应职工队伍发展变化的现实需要

建设现代化经济体系，深化供给侧结构性改革，对我国传统产业优化升级、加快发展现代服务业提出了新目标、新要求，为产业发展和产业职工利益的实现带来新的机遇。随着数字经济成为撬动经济增长的新动能，不断催生新产业、新业态、新就业形式，我国职工队伍结构发生深刻变化，以货车司机、网约车司机、快递员、外卖配送员等为代表的新就业形态劳动者快速增长。与传统就业模式相比，新就业形态劳动者的就业方式、劳动关系、权益保障、组织方式存在许多新的特点，这是各产业工会面临的新问题，要求产业工会工作进一步适应职工队伍结构的变化。国有企业改革的深化，产业结构的进一步调整，使产业职工队伍结构和成分发生了明显变化，非公有制企业职工、农民工成为产业职工的重要组成部分，不同产业职工利益实现的差异更为明显。比如，采掘业职工一般作业环境艰苦，劳动强度较大；装备制造业对职工的操作技能要求较高，职工自身发展权益更为突出；教育科研部门知识分子相对集中，掌握较多的科学文化知识，具有强烈的社会责任感，对参与民主和自身发展有着强烈的愿望；地质行业职工工作地点变动性大、生活环境相对艰苦；化工行业职工接触有毒有害物质较多；等等。这些产业特点造成了同一产业影响职工权益的问题大体相同，同一产业职工利益要求也大体一致或相对集中，而不同产业之间职工利益则存在明显的差异。正是由于这种产业及其职工利益需求的差异性，需要不同的产业组成不同的产业工会来代表好、维护好、实现好本产业职工的经济、政治、文化、社会等各项权益。

第二节 产业工会的职责

产业工会是我国工会全面履行各项社会职能、突出维护和服务基本职能的重要组织力量，是工会在党和国家工作大局中充分发挥作用的重要组织平台，是产业职工合法权益的代表者和维护者、产业劳动关系的协调者、产业经济持续健康发展的促进者，在维护产业职工合法权益、协调产业劳动关系、加强产业职工队伍建设、促进产业改革发展中具有重要地位和不可替代的作用。

产业工会与对口部门、行业协会、科研院校等联系紧密，沟通顺畅，具有联系广泛的优势。产业工会了解产业发展全局，掌握产业结构调整趋势，熟悉本产业职工队伍，具有熟悉产业特点的优势。产业工会联系基层最紧密，指导企业最直接，服务职工最便捷，具有直通基层的优势。产业工会的优势决定了产业工会在参与制定国家产业政策法规、促进产业改革发展、协调产业劳动关系等方面能够充分发挥其独特作用。

一、加强产业职工思想政治引领

（一）做好新时代职工思想政治工作的重要意义

做好职工思想政治工作，团结引导广大职工听党话、跟党走，是工会组织必须履行好的政治责任。党的十八大以来，习近平总书记就做好职工思想政治工作发表一系列重要讲话，作出一系列重要指示，为做好职工思想政治工作提供了根本遵循。中共中央、国务院出台《关于新时代加强和改进思想政治工作的意见》，明确了新时代加强和改进思想政治工作的指导思想、方针原则、重要举措、方式方法和工作格局。各级产业工会要切实提高政治站位，把职工思想政治工作作为一项重大政治任务抓常抓细抓好。

巩固党执政的阶级基础和群众基础是新时代职工思想政治工作的根本任务。我国工人阶级是党最坚实最可靠的阶级基础，工会是党领导的工人阶级群众组织，是职工群众的“大学校”。回顾党领导的百年工运史，工会始终把团结凝聚职工、教育引领职工作为重要任务，把教育职能作为重要社会职能之一。在中国共产党成立之前，为了在工人群众中宣传马克思主义，党的早期组织就创办了面向工人群众的刊物和工人学校。1921 年党的一大通过的第一个决议，明确提出“本党的基本任务是成立产业工会”，“工人学校应逐渐变成工人政党的中心机构”，“学校的基本方针是提高工人的觉悟”，随后成立的中国劳动组合书记部就创办了机关刊物《劳动周刊》，“为劳动者说话”。进入新时代，各级产业工会必须发挥优良传统，把思想政治工作摆在突出位置、贯穿于各种活动之中。

团结引领广大职工为实现中华民族伟大复兴的中国梦而奋斗是新时代职工思想政治工作的主题主线。我国工运事业是党的事业的重要组成部分，我国工人运动的时代主题是为实现中华民族伟大复兴的中国梦而奋斗。做好新时代职工思想政治工作，必须牢牢把握工运时代主题，紧紧围绕开启全面建设社会主义现代化国家新征程、向第二个百年奋斗目标进军的目标任务，围绕立足新发展阶段、贯彻新发展理念、构建新发展格局、推动高质量发展，调动职工群众积极性、主动性、创造性，充分发挥工人阶级主力军作用，以劳动和实干托起中国梦。

造就一支有理想守信念、懂技术会创新、敢担当讲奉献的宏大产业工人队伍是新时代职工思想政治工作的重要目标。产业工人队伍建设改革是习近平总书记亲自点题、亲自部署、亲自指导的一项重大改革任务。《新时期产业工人队伍建设改革方案》将产业工人队伍思想政治建设作为第一位的任务。进入新发展阶段，高质量发展成为“十四五”乃至更长时期我国经济社会发展的主题，必须加快推进产业工人队伍建设改革，努力打造一支宏大的高素质产业工人队伍，为高质量发展提供强大人力支撑。面对新形势新任务新要求，产业工会要把加强和改进职工思想政治工作作为推动产业工人队伍建设改革的重要举措，在服务职工群众中强化思想政治引领，全面提升职工队伍整体素质，使广大职工成为创造社会财富的中坚力量、创新驱动发展的骨干力量、实施制造强国战略的有生力量。

劳模精神、劳动精神、工匠精神是新时代职工思想政治工作的价值取向。习近平总书记指出，劳动模范是民族的精英、人民的楷模，是共和国的功臣。劳模精神、劳动精神、工匠精神是以爱国主义为核心的民族精神和以改革创新为核心的时代精神的生动体现，是鼓舞全党全国各族人民风雨无阻、勇敢前进的强大精神动力。大力弘扬劳模精神、劳动精神、工匠精神，充分发挥劳模工匠的示范引领作用，是各级产业工会做好新时代职工思想政治工作的鲜明导向和突出特色。要把劳模精神、劳动精神、工匠精神作为党的精神谱系重要内容阐释好、传承好、发扬好，讲好劳模故事、讲好劳动故事、讲好工匠故事，让辛勤劳动、诚实劳动、创造性劳动成为亿万职工的自觉行为。

（二）新时代职工思想政治工作面临新形势新挑战

长期以来，各级产业工会高度重视职工思想政治引领，坚持守正创新，严格落实意识形态工作责任制，在理论武装、典型引领、品牌打造、平台建设、职工文化等方面做了大量工作，职工思想政治引领的内容和形式更加丰富，机制逐步完善，社会影响不断扩大。同时，随着经济社会快速发展、社会主要矛盾发生变化，我国职工队伍结构深刻调整，在利益诉求、价值取向、思想观念上呈现多元多样多变的新特征，新时代职工思想政治工作面临新的挑战。

一是我国发展面临的国内外环境日益复杂，统一思想、凝聚力量的任务更重。从国际看，世界面临百年未有之大变局，敌对势力加紧对我国实施西化、分化战略和意识形态渗透，劳动领域意识形态风险增多，我国面临的外部环境日益错综复杂；从国内看，国内改革发展稳定任务艰巨繁重，越是在严峻复杂的形势面前，越是在艰巨繁重的任务面前，越需要团结引领广大职工步调一致、万众一心，在全面建设社会主义现代化国家新征程中贡献力量。二是社会主要矛盾深刻变化，理顺情绪、化解矛盾的任务更重。一方面，职工群众对美好生活的需要不断提高，自主意识、法治意识、维权意识不断增强，从满足基本生活需要向提升生活品质转变，从满足物质性需求向体面劳动、实现自我价值等社会性、精神性需求转变；另一方面，随着数字经济、平台经济等新业态蓬勃兴起，部分行业性、局部性劳动关系风险加大，新经济、新业态用工不规范引发的矛盾逐步增多。把握新时代社会主要矛盾的新变化、劳动关系的新特征、职工群众的新诉求，以解决实际问题增强思想政治工作的实效性，任重而道远。三是科技革命迅猛发展，把正方向、引领思想的任务更重。一方面，媒体格局和舆论生态加快重塑，互联网已经成为职工学习生活的新空间，成为获取信息、沟通交流的大平台，在带来极大便利的同时，也对职工思想观念、价值理念产生极大冲击；另一方面，互联网的开放性也增加了敌对势力在意识形态领域渗透、侵蚀的风险。发挥互联网的优势，应对网络风险和挑战，加强职工网上思想政治引领，成为做好职工思想政治工作的重要课题。与此同时，仍有部分干部对思想政治工作的重要性认识不够，落实主体责任不到位，职工思想政治工作的体制机制还不够完善、内容供给还不够丰富、覆盖面还不够充足、方式方法还相对单一，创新运用新媒体能力特别是对青年职工的吸引力引导力，还需要进一步提高。

（三）做好新时代职工思想政治工作的主要举措

以党的创新理论武装职工，巩固亿万职工团结奋斗的共同思想基础。坚持用习近平新时代中国特色社会主义思想引领广大职工，是做好职工思想政治工作的首要任务。推动理想信念教育常态化制度化，深化“中国梦·劳动美”主题宣传教育，建立健全常态化学习制度，创新学习方式、学习载体，充分发挥职工书屋、学习强会、技能强国–全国产业工人学习社区等平台作用，通过理论宣讲、劳模宣讲、演讲比赛、知识竞赛等方式，把“大学习”的课堂搬到工厂车间、生产一线、发展前沿，推动习近平新时代中国特色社会主义思想进企业、进车间、进班组。深入开展党史学习教育，加强党史、新中国史、改革开放史、社会主义发展史宣传教育，带动中国工运史学习，充分发挥红色资源作用，大力弘扬红色文化，引导职工群众学习党的不懈奋斗史、不怕牺牲史、理论探索史、为民造福史、自身建设史，了解党团结带领人民在百年奋斗中开辟的伟大道路、建立的伟大功业、铸就的伟大精神、积累的宝贵经验，深刻认识中国共产党为什么能、马克思主义为什么行、中国特色社会主义为什么好，自觉传承红色基因，赓续红色血脉，汲取不懈奋斗的强大精神力量。根据青年职工、农民工、新就业形态劳动者等群体的差异化需求，采用启发式、案例式、体验式方法，用“小故事”讲“大道理”，让党的创新理论“飞入寻常百姓家”。

以先进文化培育职工，打造健康文明、昂扬向上、全员参与的职工文化。坚持以社会主义核心价值观为引领，用中国特色社会主义共同理想教育引导职工，用中华优秀传统文化、革命文化和社会主义先进文化滋养职工心灵，打造“工”字系列职工文化特色品牌，构建圈层式职工文化服务网络，广泛开展职工群众喜闻乐见、寓教于乐的文化体育活动，把思想政治引领融入职工文化建设中。持续开展全国职工职业道德建设评选表彰活动，加强以职业道德为重点的“四德”建设，引导职工积极参与群众性精神文明创建活动，把社会主义核心价值观融入广大职工的政治立场、价值追求、职业操守、精神境界。坚持公益性、服务性方向，办好用好工会报刊网络、工人文化宫、职工院校、职工书屋、工运纪念场馆设施、劳模公园等阵地，培养一支专兼结合的职工文艺队伍，挖掘和推广一批职工文化项目，培育和创作思想性高、艺术性强、社会影响大、群众口碑好的精品力作，建设职工群众共有的精神家园。走好网上群众路线，打造网上职工之家，增加网络文化产品供给，充分运用职工喜欢和熟悉的时尚元素、话语体系，为职工提供精准化、订单式、多层次文化服务。

以正确舆论引导职工，唱响奋进新征程的时代主旋律。紧紧围绕党和国家中心工作，坚持正确的政治方向、舆论导向、价值取向，把职工思想政治工作融入主题宣传、形势宣传、政策宣传、成就宣传、典型宣传中，落实到工会报刊、出版、网络、新媒体中，大力宣传以习近平同志为核心的党中央对工人阶级的高度重视和亲切关怀，深入宣传亿万职工凝心聚力、建功立业的火热实践，广泛宣传工会服务职工、改革创新的积极作为，讲好中国工人阶级故事、劳模工匠故事、中国工会故事，提高工会新闻舆论传播力、引导力、影响力、公信力。适应互联网传播和分众化趋势，着力加强网上引领，推动工会媒体融合向纵深发展，构建全媒体传播体系。严格落实意识形态工作责任制，牢牢掌握工会意识形态工作领导权，加强工会宣传文化阵地建设管理，积极稳妥加强舆情引导，敢于和善于发声亮剑，筑牢工会意识形态安全“护城河”、“防火墙”。

以高尚精神感染职工，发挥先进典型示范引领作用。在全社会大力弘扬劳模精神、劳动精神、工匠精神，做好劳模评选表彰和服务工作，广泛开展“大国工匠”、“最美职工”等发布宣传工作，为劳动模范、大国工匠发挥作用搭建平台、提供舞台，引领更多职工争当新时代劳动模范、能工巧匠，擦亮“劳模”、“工匠”金字招牌。既要在传统行业选树先进典型，又要在新就业形态劳动者群体选树先进典型，培养宣传职工身边看得见、摸得着、学得上的先进典型，把榜样力量转化为职工群众的生动实践。坚持以新发展理念引导职工，广泛深入持久开展“建功‘十四五’、奋进新征程”主题劳动和技能竞赛，发挥劳模创新工作室等阵地作用，动员广大职工立足岗位、建功立业。广泛开展以劳动创造幸福为主题的宣传教育，营造劳动最光荣、劳动最崇高、劳动最伟大、劳动最美丽的浓厚氛围。

以真诚服务赢得职工，在解决实际问题中解决思想问题。维护职工利益是赢得职工信赖的前提。要坚持以职工为中心的工作导向，着力构建联系广泛、服务职工的工会工作体系，努力为广大职工提供普惠性、常态性、精准性服务。坚持从群众中来、到群众中去的工作方法，深入了解不同行业、不同职工群体的思想状况和心理特点，把解决思想问题同解决“急难愁盼”问题结合起来，把思想政治引领同“我为群众办实事”实践活动结合起来，满怀真情开展“工会进万家”调研走访慰问，深入开展工会干部赴基层蹲点活动，在有效服务职工中提升思想政治引领能力。更加注重满足职工提高技能素质、追求长远发展的意愿，以推进“产业工人队伍建设改革提升年”等活动为契机，努力推动关于职工教育培训、提高技术工人待遇、表彰奖励向一线倾斜等政策落实，不断拓宽职工的成长成才通道。更加注重人文关怀和心理疏导，把心理健康服务与困难帮扶、法律援助、志愿服务等结合起来，使职工思想政治工作更有情感、更有温度、更有力量。更加注重夯实思想政治工作的组织基础，健全组织体系、完善动员机制，把广大职工吸纳到工会组织中来，扩大工会思想政治工作的有效覆盖。

产业工会承担着团结引导产业职工群众听党话、跟党走的政治责任，要加强对本产业职工的思想政治引领，引导广大产业职工发扬团结奋斗、互助友爱的精神，始终做党执政的坚实依靠力量。

二、参与制定国家产业政策法规

（一）参与制定产业政策法规是产业工会履行代表和维护产业职工合法权益的基本职责、履行社会职能的必然要求

实践表明，产业工会要发挥表达和维护产业职工合法权益的社会作用，必须通过一定的途径和手段。在社会主义制度下，既要通过协调利益矛盾，调解利益纠纷，也要通过正常渠道反映产业职工的利益要求，促进问题的解决。由于产业职工合法权益在很大程度上取决于产业政策、产业法规，所以，产业工会代表和维护产业职工合法权益最重要的途径和手段，就是参与产业政策法规的制定，使产业职工的合法权益从源头上就具有法律依据和法律保障。

（二）参与制定产业政策法规是体现我国国体、政体本质的必然要求

在我国，以产业职工为主体的工人阶级是国家的领导阶级。因此，国家制定政策和法律法规应当充分反映和实现工人阶级的意志。实践表明，包括产业职工在内的全体人民的根本利益在党和政府的决策、国家法律法规制定过程中能够得到有效保证和体现。但是，不同产业的劳动关系主要是由不同的产业政策法规来调整和规范的，要使这些产业政策法规更好地体现和保障产业职工的合法权益，就需要在其制定过程中有各方面的广泛参与，其中产业工会的参与是一个重要方面。产业工会与产业职工联系最直接、最密切，最了解产业职工的各种利益诉

求，从而为产业工会参与产业政策法规的制定提供了内在的基本条件，实践也证明了我国产业工会能够胜任参与制定产业政策法规的重要职责。

（三）参与制定产业政策法规是实施依法治国方略、建设社会主义法治国家的必然要求

社会主义市场经济是在社会主义国家政权宏观调控指导下的有序经济，本质上是一种法治经济。要健全和完善社会主义市场经济体制，必须建立健全完善的社会主义法律体系，包括完善的产业政策法规。产业工会参与产业政策法规的制定，有利于促进产业的市场行为规范，促进产业资源的优化组合，促进产业改革发展，促进社会主义法治建设。

（四）参与制定产业政策法规是落实党的全心全意依靠工人阶级指导方针的必然要求

全心全意依靠工人阶级是我们党长期坚持的根本方针，产业工会参与制定产业政策法规是贯彻这一方针的具体体现。实践证明，产业工会参与制定产业政策法规，能充分反映产业的实际情况和职工的愿望要求，有利于保护、调动和发挥产业职工群众的积极性和创造性，依靠广大产业职工促进企业和产业的发展。

党的二十大报告指出，“全面依法治国是国家治理的一场深刻革命，关系党执政兴国，关系人民幸福安康，关系党和国家长治久安”。在党的历次全国代表大会报告中，党的二十大报告首次单独把法治建设作为专章论述、专门部署，充分体现了以习近平同志为核心的党中央对全面依法治国的高度重视。各级产业工会必须坚持以习近平法治思想为指引，更好发挥法治固根本、稳预期、利长远的保障作用，按照党的二十大确定的“全过程人民民主制度化、规范化、程序化水平进一步提高，中国特色社会主义法治体系更加完善”的法治建设目标任务，以

及“完善以宪法为核心的中国特色社会主义法律体系”、“扎实推进依法行政”、“严格公正司法”、“加快建设法治社会”等明确要求，进一步确定产业工会参与国家政策法规、特别是产业政策法规制定中的职责定位和工作任务。

三、促进产业改革发展

（一）促进产业改革发展，是社会主义制度下产业工会、产业职工、产业部门和企事业单位根本利益的一致性所决定的

产业的改革发展是产业职工的根本利益所在。没有产业的改革和发展，就没有产业职工的根本利益，产业职工的具体利益也会成为无源之水、无本之木。我国产业工会通过表达和维护产业职工的合法权益，充分调动产业职工的生产积极性；通过围绕产业中心工作，组织群众性的经济技术活动，促进企业和产业提高经济效益；通过推动所属企业事业单位开展“学习型企业”、“学习型组织”创建活动，提高产业职工的文化技术素质。这些都对推进产业的改革、创新、技术进步和发展发挥了重要的作用。

（二）促进产业改革发展，是产业工会服从服务于全党全国工作大局的出发点和归宿

发展是硬道理，是党执政兴国的第一要务。习近平总书记在党的二十大报告中强调，从现在起，中国共产党的中心任务就是团结带领全国各族人民全面建成社会主义现代化强国、实现第二个百年奋斗目标，以中国式现代化全面推进中华民族伟大复兴。新征程上，我们要坚持把实现人民对美好生活的向往作为现代化建设的出发点和落脚点，办好民生实事，让改革成果更多更公平惠及全体人民。产业工会要从改革发展的全局着眼，服务维护好产业职工的合法权益，凝聚产业职工建功新时

代的智慧与力量，真正发挥产业工会不可替代的作用。产业工会旗帜鲜明地支持改革，旗帜鲜明地维护职工的合法权益，既能赢得广大产业职工的信赖与拥护，不断增强组织自身的凝聚力和吸引力，同时也能更好地把企业、产业与国家的改革发展宏图转化为广大产业职工的自觉行动，推动改革发展目标的顺利实现。

（三）促进产业改革发展，是产业工会新时代团结带领产业职工奋进新征程、建功新时代的重要任务

党的十八大以来，以习近平同志为核心的党中央把创新摆在国家发展全局的核心位置。产业工会要牢牢把握工人运动时代主题，围绕推动高质量发展，聚焦“十四五”时期国家重大战略、重大工程、重大项目、重点产业，组织职工广泛深入持久开展各种形式的劳动和技能竞赛，把竞赛打造成为职工创新创造的重要平台，不断提高竞赛的创新含量。要深化技术革新、技术协作、发明创造、合理化建议、网上练兵和“五小”等群众性创新活动，引导职工立足岗位开展创新，解决身边技术难题。要建立健全以企业为主体、市场为导向、产学研相结合，以岗位创新、班组（团队）创新、劳模和工匠人才（职工）创新工作室为主要载体的职工创新体系，引导各地各行业企业建立跨区域、跨行业、跨企业的创新工作室联盟，推动生产组织创新、技术创新、市场创新。要广泛深入持久开展各种形式的劳动和技能竞赛，大力弘扬劳模精神、劳动精神、工匠精神，在奋进新征程、建功新时代中更好发挥工人阶级主力军作用。

四、协调产业劳动关系

（一）积极协调产业劳动关系是由产业工会的性质决定的

劳动关系是最基本的社会关系，是维系社会稳定、产业稳定、企事业稳定，构建社会主义和谐社会的重要基础。工会是

社会经济矛盾的产物，说到底也是劳动关系矛盾的产物。产业工会作为中国工会的重要组成部分，作为产业职工合法权益的代表者和维护者，必然把协调产业劳动关系作为自身的重要职责，为维护和谐稳定的劳动关系充分发挥自己的作用。随着我国改革的深化、产业结构的进一步调整以及企事业单位劳动人事、分配制度改革的逐步推进，社会经济成分、组织形式、就业方式和分配方式日益多样化，经济关系和劳动关系日趋复杂化，各种利益矛盾呈现凸显态势，整个社会的劳动关系矛盾必然通过各个产业、行业和部门的劳动关系矛盾体现出来，这就决定了产业工会在协调本产业劳动关系矛盾中具有不可替代的特殊地位和身份。而产业工会协调劳动关系的成效将直接影响到本产业劳动关系的稳定乃至整个社会的稳定，影响到整个工会组织在工人阶级群众中的形象，最终影响到本产业的改革和发展。

（二）产业工会在协调产业劳动关系中具有独特作用

由于产业劳动关系的特殊性和产业工会在协调本产业劳动关系中的特殊地位及不可替代性，决定了产业工会在协调产业劳动关系中的独特作用。这种作用主要表现在八个方面：一是本产业劳动法规制定过程中的参与作用；二是本产业职工一方劳动关系诉求的代言人作用；三是本产业劳动关系的疏导和预警作用；四是本产业劳动争议和劳动纠纷的调解作用；五是劳动法律法规执行过程中的监督作用；六是劳动合同、平等协商和集体合同制度的推进作用；七是处理本产业劳动关系群体事件的协助作用；八是本产业职工劳动争议仲裁的配合作用及对职工法律服务和法律援助作用。这些作用的充分发挥，必将促进产业劳动关系的和谐稳定乃至社会的稳定，最终推进社会主义现代化事业的建设。

（三）协调产业劳动关系是产业工会参加社会治理的重要内容

维护产业劳动领域政治安全是产业工会协调产业劳动关系的重要工作。全国总工会为加强劳动领域维护政治安全工作体系建设，牵头建立部委协同工作机制，连续多年开展专项排查化解行动；落实《中共中央 国务院关于构建和谐劳动关系的意见》，推动健全党政主导的维权服务机制；推动完善协调劳动关系三方机制、政府和工会联席会议制度、“人社+法院+工会”劳动争议多元化解机制，开展“稳就业促发展构和谐”行动计划等，为推动共建共治共享社会治理作出积极贡献。

党的二十大报告指出，要完善社会治理体系，健全共建共治共享的社会治理制度，提升社会治理效能，畅通和规范群众诉求表达、利益协调、权益保障通道，建设人人有责、人人尽责、人人享有的社会治理共同体。党的二十大报告为各级工会组织积极融入社会治理大格局指明了方向。各级产业工会要坚持法治思维和法治方式，推动完善社会治理体系；要坚持和发展新时代“枫桥经验”，推动工会法律服务向基层一线延伸，研究和解决法治领域职工群众反映强烈的突出问题，及时把矛盾纠纷化解在基层、化解在萌芽状态，不断增强职工群众的获得感、幸福感、安全感。

五、贯彻落实全国总工会方针政策和工作任务

（一）贯彻落实全国总工会工作方针任务是由中国产业工会在中国工会组织体系中的地位决定的

中华全国总工会第十四届执行委员会主席团第六次全体会议通过的《关于坚持走中国特色社会主义工会发展道路的决议》明确指出：“高度统一的组织领导体制是事关中国工会性质和工会未来发展的重大问题。”产业工会作为中国工会的重要

组成部分，坚持自觉贯彻落实全国总工会确定的方针任务，责无旁贷、理所当然。

（二）贯彻落实全国总工会工作方针任务是坚持走中国特色社会主义工会发展道路的必然要求

中国工人阶级和工会组织的团结和统一，既是中国工人阶级和工会组织的优良传统，又是中国工人阶级和工会组织的政治优势。因此，坚持走中国特色社会主义工会发展道路，必然要求各级产业工会在组织领导、发展方向、工作的指导思想与基本目标等方面自觉与全国总工会的方针任务相统一，使其既符合本产业具体情况及职工诉求的实际，又比较全面地体现全国总工会作出的各项重大决定和决议的基本精神及地方总工会的工作要求。只有这样，才能使我国产业工会的工作既体现出鲜明的时代特征和产业特点，又能符合党的要求、政府的希望和职工群众的愿望。

六、大力推进产业工人队伍建设改革

广大产业工人作为工人阶级的主体力量，巩固党长期执政的阶级基础、群众基础的依靠力量，创新驱动发展的骨干力量，实施制造强国战略的有生力量，在推动高质量发展、全面建设社会主义现代化国家过程中具有不可替代的重要作用。党的十八大以来，习近平总书记亲自谋划、部署、推动产业工人队伍建设改革。

产业工会要站在实现第二个百年奋斗目标、实现中华民族伟大复兴中国梦的全局和战略高度，进一步深化对产业工人队伍建设改革重要性的认识，在认真总结成效和经验、查找问题和不足的基础上，找准主攻方向，着力抓重点、补短板、强弱项，推动改革向纵深发展。

（一）全面学习贯彻习近平总书记关于产业工人队伍建设改革的重要指示精神，牢牢把握改革的正确方向

党的十八大以来，习近平总书记围绕推进产业工人队伍建设改革发表一系列重要讲话、作出一系列重要指示批示，深刻回答了推进产业工人队伍建设改革中的重大理论和实践问题，为各级工会推进产业工人队伍建设改革提供了根本遵循和行动指南。进一步深入推进改革，产业工会必须不断深化对习近平总书记重要指示精神的学习。要深刻理解习近平总书记对产业工人地位和作用的充分肯定，推动把全心全意依靠工人阶级方针贯彻到党和国家政策制定、工作推进全过程，落实到企业生产经营各方面，鼓舞广大产业工人牢牢把握为实现中国梦而奋斗的时代主题，为实现第二个百年奋斗目标贡献智慧和力量。要深刻理解习近平总书记对推进改革目标任务的要求，始终胸怀“两个大局”，从巩固党的执政基础、促进我国经济社会持续健康发展的高度认识、谋划、推进改革，按照“政治上保证、制度上落实、素质上提高、权益上维护”的总体要求，落实产业工人思想政治引领、建功立业、素质提升、地位提高、队伍壮大等改革措施，全面深化产业工人队伍建设改革。要深刻理解习近平总书记对强化产业工人思想政治引领的要求，加强和改进产业工人思想政治工作，多做组织群众、宣传群众、教育群众、引导群众的工作，多做统一思想、凝聚人心、化解矛盾、增进感情、激发动力的工作，使广大产业工人在理想信念、价值理念、道德观念上紧紧团结在一起，坚定不移听党话、矢志不渝跟党走，巩固党长期执政的阶级基础和群众基础。要深刻理解习近平总书记对加强产业工人维权服务的要求，抓住职工群众最关心最直接最现实的利益问题，认真履行维护职工合法权益、竭诚服务职工群众的工会基本职责，帮助产业工人排忧解难，积极构建和谐劳动关系，不断提升产业工人的获得感、

幸福感、安全感。要深刻理解习近平总书记对弘扬劳模精神、劳动精神、工匠精神的要求，贯彻尊重劳动、尊重知识、尊重人才、尊重创造方针，进一步加大对劳动模范、基层一线职工、产业工人的宣传，讲好劳模故事、劳动故事、工匠故事，推动在全社会形成劳动最光荣、劳动最崇高、劳动最伟大、劳动最美丽的浓厚氛围。要深刻理解习近平总书记关于重视发挥技术工人队伍作用的要求，始终高度重视提高劳动者素质，引导广大产业工人适应当今世界科技革命和产业变革的需要，勤学苦练、深入钻研，勇于创新、敢为人先，使他们的创新才智充分涌流，努力成为有理想守信念、懂技术会创新、敢担当讲奉献的高素质产业工人。

（二）认真贯彻落实党中央关于产业工人队伍建设改革的部署要求，明确目标任务

党中央对推进产业工人队伍建设改革高度重视，出台了一系列政策文件、作出了一系列重大部署。在加强思想政治引领方面，中共中央、国务院印发《关于新时代加强和改进思想政治工作的意见》，中办、国办印发《关于加强和改进新时代产业工人队伍思想政治工作的意见》；在提升素质方面，国务院出台《国务院关于推行终身职业技能培训制度的意见》；在提高待遇方面，中办、国办印发《关于提高技术工人待遇的意见》；等等。产业工会要进一步明确深化改革的目标任务：一要进一步加强产业工人思想政治引领，引导广大产业工人深入学习贯彻习近平新时代中国特色社会主义思想，不断增强对党的创新理论的政治认同、思想认同、情感认同，坚定不移听党话、矢志不渝跟党走。二要进一步发挥产业工人主力军作用，组织广大产业工人为经济社会发展建功立业，为实现中华民族伟大复兴的中国梦不懈奋斗。三要进一步提升产业工人素质，着力构建产业工人技能形成体系，培养造就一支宏大的知识型、技能

型、创新型产业工人大军。四要进一步提高产业工人地位，不断健全保证产业工人主人翁地位的制度安排，切实提升产业工人的政治地位、经济地位、社会地位。五要进一步落实产业工人待遇，加强顶层设计，推动制定出台更多有利于提升产业工人待遇的制度文件，并努力推动落到实处。六要进一步激发产业工人创新潜能，加大产业工人创新创效扶持力度，深化群众性创新活动，鼓励和支持产业工人创新创造。七要进一步抓实产业工人维权服务，切实维护产业工人合法权益，把党和政府的关心关怀送到产业工人心坎上。八要进一步拓宽产业工人发展空间，优化产业工人成长环境和上升路径，打通成长通道，帮助其实现自身价值，创造更大社会价值。九要进一步壮大产业工人队伍，推动解决影响劳动力流动的体制机制障碍，吸引更多劳动者特别是青年人加入产业工人队伍中来，不断凝聚起亿万职工群众奋进新征程、建功新时代的磅礴力量。

（三）突出工作重点，务求改革取得实效

产业工会要在全面推进改革的基础上，进一步突出工作重点，落实工作效果。一要扎实做好产业工人思想政治工作，运用多种形式、渠道和载体，广泛开展主题宣传教育活动，特别是要把工作的重点更多放到基层和企业、车间和班组，更好发挥基层工会主席、社会化工会工作者、工会积极分子和产业工会干部作用，把产业工人思想政治引领工作落到实处，不断增强思想政治工作的吸引力、感召力。二要组织动员广大产业工人建功立业，继续围绕国家重大战略、重大工程、重大项目、重点产业，广泛深入持久开展多种形式的劳动和技能竞赛，深入开展“五小”等群众性创新活动，大力弘扬劳模精神、劳动精神、工匠精神，把亿万职工群众中蕴藏的创新创造活力充分激发出来，为经济社会发展建功立业。三要引导产业工人立足岗位创新创造，围绕实施制造强国战略、推动高质量发展，充

分发挥劳模和工匠人才（职工）创新工作室、新时代工匠学院、技能强国-全国产业工人学习社区等作用，引导产业工人勤学苦练、深入钻研，提高创新意识和创新能力，为全面建设社会主义现代化国家作贡献。四要不断提高产业工人技术技能水平，加大产业工人职业技能培训力度，加快构建产业工人技能形成体系，建设一批产业工人技能实训基地，引导企业加大在岗培训力度，向产业工人提供普惠性、均等化、贯穿学习和职业生涯全过程的终身职业技能培训，大力深化职业教育改革，发挥职业教育在推进产业工人队伍建设改革中的重要作用。五要扎实做好产业工人维权服务工作，推动落实就业优先政策，完善工资平等协商机制、正常增长机制、支付保障机制，推动提高技术工人待遇政策落实，助推实现多劳者多得、技高者多得。加大对相对困难职工的常态化帮扶力度，构建服务职工工作体系，发挥服务职工阵地作用，不断提升产业工人生活品质，推动实现共同富裕。六要以实际举措壮大产业工人队伍。加大对产业工人队伍发展状况的分析研判，聚焦存在的突出矛盾，推动解决影响队伍壮大的主要问题。要坚持“抓两头”，一头抓制造业工人队伍，以推动提高工资收入水平、加强技术技能培训、改善工作环境和条件、强化企业民主管理和社会保障、提升工作稳定性、畅通职业发展通道等为重点，着力破解劳动者不愿进工厂、当工人的难题，努力保持制造业工人队伍总体稳定并逐步壮大；一头抓新就业形态劳动者队伍，巩固拓展新就业形态劳动者建会入会成果，推动解决新就业形态劳动者反映强烈的劳动报酬、社会保险、休息休假、职业安全等突出问题，让新就业形态劳动者成为产业工人队伍的重要力量。七要发挥产业工人在维护社会大局稳定中的中坚作用。围绕贯彻总体国家安全观，有针对性地对产业工人加强形势任务教育、国家安全教育，推动构建和谐劳动关系，筑牢维护劳动领域政治安全的群众防线，以实际行动维护企业和社会大局和谐稳定。

（四）加强宣传交流推广，形成鲜明的舆论导向

产业工会要在本产业大力宣传习近平总书记对产业工人的高度重视、关心关怀关爱，宣传习近平总书记对产业工人队伍建设改革的重要指示精神，宣传党中央关于产业工人队伍建设改革的各项决策部署和政策举措，宣传各地各部门和企业推进改革取得的显著成效和典型经验，宣传产业工人队伍建设改革对于推动高质量发展、实施制造强国战略、全面建设社会主义现代化国家的重要作用，宣传以产业工人为代表的工人阶级对经济社会发展作出的重要贡献，大力弘扬劳模精神、劳动精神、工匠精神。要加强本产业改革经验和试点成果的推广转化，对改革试点取得的经验和成果，要及时总结，通过举办线上线下会议、集中培训讨论、专题调研等方式，加强本产业领域不同部门、不同区域、不同行业和企业的工作交流，达到相互借鉴、共同提高的目的。

（五）加强组织领导，形成推进改革的整体合力

要始终坚持党中央集中统一领导，坚决贯彻习近平总书记和党中央决策部署，不折不扣地把习近平总书记关于产业工人队伍建设改革的各项指示精神落到实处。要着眼推动高质量发展、实施制造强国战略、全面建设社会主义现代化国家的要求，充分发挥广大产业工人积极性主动性创造性。产业工会要及时向同级党委汇报、主动向政府通报本产业推进改革的进展情况、涌现的先进经验和存在的问题，强化对本产业内不同类型企业改革的督促指导，帮助企业建立健全推进改革的制度机制，提升企业参与改革的热情和实效。产业工会要在提升产业工人思想政治引领吸引力上下更大功夫，广泛开展“永远跟党走”等群众性主题宣传教育活动，把思想政治引领的过程变成帮助解决问题的过程，夯实产业工人坚定不移听党话、矢志不渝跟党

走的思想基础。要在增强产业工人建功立业实效性上展现作为，广泛深入持久开展各种形式的劳动和技能竞赛，拓展群众性创新活动内涵，为优秀产业工人发挥作用搭建平台、提供舞台。要在攻克产业工人素质提升难点上久久为功，实施职业技能提升行动，畅通人才发展通道，鼓励更多产业工人走技能成才、技能报国之路。要在推动解决产业工人利益诉求上持续用力，健全党政主导的维权服务机制，切实履行好工会维权服务基本职责，让广大产业工人共享改革发展成果。要坚持问题导向，因地制宜、因企施策，及时总结评估，注重典型引路，发挥试点作用，推动问题解决。要加强制度建设，健全体制机制，最大限度地形成各方面推进改革的整体合力，努力开创推进产业工人队伍建设改革的新局面。

思考题：

1. 如何理解产业工会的重要地位？
2. 产业工会的职责有哪些？
3. 产业工会的作用和优势有哪些？
4. 产业工会如何切实做好产业职工的思想政治引领？
5. 产业工会如何在推进产业工人队伍建设改革中积极发挥作用？

第三章　产业工会的组织体系和相应的职责任务

组织体系是指若干有关事物或某些意识相互联系而构成的统一整体。产业工会的组织体系是指工会会员与产业工会组织及各级产业工会组织之间发挥其功能所构成的相互联系与相互作用的统一整体。产业工会的职责任务是指各级产业工会组织的地位作用及其所担负的责任与相应的工作。了解产业工会的组织体系和职责任务，对于加强产业工会建设，更好地发挥产业工会的作用具有重要意义。

第一节　产业工会的组织原则、结构和类型

组织原则是指按一定方式组织一级组织、一个机构或一个单位的指导思想和必须遵循的重要规则。组织结构是指一个组织的框架体系，它既是组织存在的形式，也是组织内部分工与合作关系的集中体现，就本质而言，组织结构反映的是组织成员之间的分工协作关系。组织类型是对一个组织按其不同的功能、特征或标准所进行的分类。本节主要是通过阐述产业工会的组织原则、组织结构和组织类型，来说明产业工会的组织体系。

一、产业工会的组织原则

产业工会的组织原则是产业工会在组织方式及内部组织关

系方面的准则。它对于产业工会的组织结构、组织体系、组织领导均具有规范和指导作用。它是在工会运动自身发展的过程中逐步确立的。

《中华人民共和国工会法》明确规定："工会各级组织按照民主集中制原则建立。"《中国工会章程》明确规定："中国工会实行产业和地方相结合的组织领导原则。同一企业、事业单位、机关、社会组织中的会员，组织在一个基层工会组织中；同一行业或者性质相近的几个行业，根据需要建立全国的或者地方的产业工会组织。除少数行政管理体制实行垂直管理的产业，其产业工会实行产业工会和地方工会双重领导，以产业工会领导为主外，其他产业工会均实行以地方工会领导为主，同时接受上级产业工会领导的体制。各产业工会的领导体制，由中华全国总工会确定。""各级地方产业工会组织的设置，由同级地方总工会根据本地区的实际情况确定。""地方总工会是当地地方工会组织和产业工会地方组织的领导机关。全国建立统一的中华全国总工会。中华全国总工会是各级地方总工会和各产业工会全国组织的领导机关。"这就从法律和章程上明确规定了产业工会在中国工会组织体系中的地位作用，是我们研究和加强产业工会建设，发挥产业工会作用的重要理论、法律依据和必须遵循的重要的组织原则。

认真贯彻中国工会产业与地方相结合的组织领导原则，有利于工会接受党的领导，有利于发挥工会在国家和社会事务管理中的民主参与、民主管理作用，有利于团结和统一全国工人阶级的力量，有利于发挥产业工会和地方总工会的两个积极性。在产业和地方相结合的组织领导原则指导下，我国产业工会的组织原则主要有以下五个。

（一）产业原则

产业原则是指以产业系统组织工会和实行联合的原则，或进一步概括为按照国民经济、社会分工和产业性质组织工会和实行联合的原则。按产业原则组织工会是列宁首先提出来的。其具体做法是将在同一企事业的工会会员，不分职业、工种、职务、技术工人与熟练工人、体力劳动与脑力劳动，组织在同一企事业的工会组织中；各企事业单位再根据其所属的产业系统，如铁路、纺织、煤炭、交通等，组织该产业的地方委员会和全国委员会。我国工会与发达资本主义国家工会的区别在于：我国是将在同一企事业单位的职工组织在同一个基层工会组织中，再按照产业分类，参加所属产业工会，而发达资本主义国家则是按照产业分类，组织企业职工参加同一产业工会。按产业原则组织工会适应了协调劳动关系和工人运动的客观需要，有利于增强工人阶级的团结，有利于工会从本产业的性质和特点出发，代表和维护本产业职工的利益，开展具有产业特色的工作，促进产业经济发展。

（二）行业原则

行业原则是指按照产业内部分工和行业性质组织工会和实行联合的原则。一个产业可以分为若干行业，如在纺织产业中可分为棉纺、印染、针织、丝绸、纺织机械等行业。按照行业原则建立的工会，称为行业工会。

随着我国经济社会的发展，产业结构差异性逐步扩大，产业内不同行业专业化分工不断加强，进一步明确和强调按照产业的内部分工和行业性质实行联合和组织行业工会的原则，有利于建立与社会主义市场经济相适应，与不断加快的工业化、城镇化进程相协调的工会组织体系；有利于发挥产业工会在协调劳动关系、维护本产业职工合法权益和职工队伍稳定方面的作用；有利于调动广大职工的积极性，团结组织本产业职工为发展社会主义市场经济和加快推进社会主义现代化建设建功立业。

（三）地域原则

地域原则是指以地域为单位组建地方产业工会、行业工会的原则。按照这一原则，同一地域的两个以上小型企业可以组成基层工会联合会或联合基层工会，同一地域的企业可以按产业、行业加入地方产业工会或区域性行业工会联合会，同一地域的同一产业、行业或性质相近的几个产业、行业，可以根据需要建立地方产业工会或区域性行业工会联合会。在产业工会建设中，坚持这一原则符合我国基层党组织和行政关系属地管理的要求，有利于工会接受党的领导，坚持产业工会工作的正确方向；有利于在地方总工会的领导下，及时解决工会工作中所遇到的问题；有利于工会与国家政权建设和行政区划相适应，在不同的层面同行政密切合作，参政议政，反映职工群众的意见，促进职工利益突出问题的解决；有利于发挥产业工会和地方总工会的两个积极性。

（四）联合制、代表制原则

联合制、代表制原则是指各级产业工会的领导机构由其所属基层工会或下级工会的代表联合组成，真正做到工会代表职工，上级代表下级，各级工会为基层、为职工服务的原则。按照这种原则产生的产业工会领导机构与召开各级工会会员代表大会选举产生的产业工会委员会，都是会员选举产生，具有相同的权利和义务。

联合制、代表制原则的基本内容是：（1）工会企事业基层组织由会员大会或会员代表大会选举本级工会的领导人；（2）企事业基层以上的各级工会是下一级组织的联合体，其领导机构主要应由下一级工会组织民主选举的主要领导人组成，是下级工会的领导机关和代表机关；（3）参加上级工会领导机构的成员可以实行替补制；（4）根据工作需要，工会的领导机构可以吸收有关方面的代表参加。

《中国工会章程》规定："全国产业工会、各级地方产业工会、乡镇工会、城市街道工会和区域性、行业性工会联合会的委员会，可以按照联合制、代表制原则，由下一级工会组织民主选举的主要负责人和适当比例的有关方面代表组成。"按照这一原则组织产业工会，有利于体现产业工会组织的民主性和领导机关的代表性；有利于理顺产业工会内部的组织领导关系；有利于在深化改革、产业结构调整、政府机构改革和职能转变过程中，推动产业工会的组织建设，更好地发挥产业工会的作用。

（五）职业原则

职业原则是指按照职工所从事的职业组织工会和实行联合的原则。职业是随着社会分工的出现和逐步稳定而构成人们赖以生存的不同的工作方式。不同的职业逐步形成各自比较稳定的道德观念、行为规范和习俗。按照职业原则组织工会就是以相同或相类似职业作为组建工会的依据或条件，如木匠工会、医生工会等，以这一原则建立的工会称为职业工会。按照职业原则组织的工会，是将从事同一职业的熟练工人，不论在什么企业工作，都组织在同一个职业工会内。一个企业中的工人，由于他们的职业不同，可以分别组织到不同的职业工会中去。我国工人运动初期，考虑到斗争的需要，曾经出现过按照职业原则组织的行业工会，如搬运工会、三轮车工会等。

按照职业原则组建工会，必然形成一个企业中同时存在几个不同的工会组织，容易造成工会力量分散，削弱工人阶级和工会组织的战斗力，不利于维护工人阶级的整体利益。职业工会是工人运动初期的产物。随着世界经济的变化和现代化工业的发展，简单的分工和个体劳动方式已被科学分工和联合作业的工作方式所代替，按照职业原则组建工会已不能适应现代化大生产条件下工人运动发展的要求，许多国家特别是经济比较发达的国家，逐步发展为按照产业原则组织工会。中华人民共和国成立以后，已有条件统一按照产业原则组织工会，不再按职业原则组织工会。

二、产业工会的组织结构

工会组织结构是指各级工会组织的内部组织机构的设置和工会组织领导关系确定的总称。产业工会组织结构在产业与地方相结合组织领导原则的框架内，主要分为以下几种形式。

（一）产业工会的纵向结构

产业工会的纵向结构是指由全国产业工会，省、自治区、直辖市产业工会，省辖市产业工会，县（区）、乡镇、街道产业工会和基层工会构成的产业工会的组织系统。当然，这只是对产业工会纵向组织结构的完整表述，但就某一产业工会来说，并不一定完全形成从全国到县（区）、乡镇、街道产业工会和基层工会这样一套健全完善的组织系统。是否需要形成这样一套健全完善的组织系统，要根据各产业的具体情况来定。

（二）产业工会的横向结构

产业工会的横向结构是指在全国和地方的不同层面，按产业工会的组织原则建立的不同类型的产业工会。比如，目前全国设有中华全国铁路总工会、中国民航工会、中国金融工会、中国教科文卫体工会、中国海员建设工会、中国能源化学地质工会、中国机械冶金建材工会、中国国防邮电工会、中国财贸轻纺烟草工会、中国农林水利气象工会 10 个不同产业性质的全国产业工会。

省以下各级地方总工会，根据本地区经济结构和职工队伍构成情况及工作需要，设置若干产业工会。比如，河北省总工会现有 5 个驻会产业工会，分别是省教科文卫工会，是全省教育、科技、文化、卫生、体育等系统工会组成的省级产业工会；省金融和服务业工会，主要负责金融、批发零售、住宿餐饮、物流快递、保安物业、烟草专卖、中介旅游、电子信息等传统和新兴服务行业工会工作；省装备制造和冶金工会，主要负责装备制造、汽车制造、钢铁、金属冶炼、纺织等行业工会工作；省建设建材工会，主要负责城建系统（包括环卫、燃气、热力、供排水）、建筑建材等行业工会工作，涵盖管理农林水利系统工会；省能源化工工会，主要负责煤炭、电力、石油、石化、化工、医药以及光伏发电、风电等新能源行业工会工作。

（三）产业工会的内部结构

由于各地经济结构和职工队伍构成情况不同，按照工会章程的规定，各级地方产业工会的设置由同级地方总工会根据本地区的实际情况确定。地方产业工会设置差异较大，产业工会的内部结构也不尽相同。有的产业工会召开工会代表大会，领导班子由工会代表大会民主选举产生；有的产业工会按照联合制、代表制原则组成产业工会领导机构；有的产业工会是工作委员会，作为上一级工会的派出机构；有一些地方产业工会主席按照同级总工会副职级配备，多数地方产业工会主席按照同级总工会中层干部配备；有的产业工会设置常委会和工作机构；有的产业工会设在地方总工会，称为驻会产业工会，以所在地方总工会领导为主；有的产业工会设在政府有关部门，称为非驻会产业工会，以相关部门党组织领导为主；铁路、民航、金融、邮电等产业系统工会组织，由相关全国产业工会直接领导；等等。

三、产业工会的组织类型

（一）按国民经济、社会分工和产业性质分类

全国产业工会和地方产业工会由中华全国总工会和地方总

工会根据实际情况设置。如中华全国总工会根据铁路、民航、金融、教科文卫体、海员建设、能源化学地质、机械冶金建材、国防邮电、财贸轻纺烟草、农林水利气象10个不同的国民经济、社会分工和产业性质分类设置全国产业工会。又如北京市总工会根据教育、工业（国防）、建筑、交通运输、服务、金融、政法卫生文化、市直机关8个不同的国民经济、社会分工和产业性质分类设置产业工会。

（二）按领导体制分类

1. 行政管理体制实行垂直管理的产业，实行产业工会和地方工会双重领导、以产业工会领导为主的领导体制。如中华全国铁路总工会、中国民航工会、中国金融工会。

2. 根据产业行政管理体制的不同情况，对有些产业系统工会及所属工会组织实行垂直领导，对有些产业系统工会及所属工会组织实行产业工会和地方工会双重领导、以地方工会领导为主的领导体制。如中国国防邮电工会对国家邮政集团和电信各集团工会及所属工会组织实行垂直领导，对国防、电子系统的工会实行产业工会和地方工会双重领导、以地方工会领导为主。

3. 对管理权限基本集中于地方的产业，实行以地方总工会领导为主，同时接受上级产业工会领导的领导体制。目前大部分产业工会实行这种领导体制。

（三）按产业工会的领导机构产生方式分类

1. 实行工会代表大会制度的产业工会。如中华全国铁路总工会。

2. 按联合制、代表制原则建立的产业工会委员会。如中国民航工会、中国金融工会、中国教科文卫体工会、中国海员建设工会、中国能源化学地质工会、中国机械冶金建材工会、中国国防邮电工会、中国财贸轻纺烟草工会、中国农林水利气象工会。

3. 作为总工会派出机构的产业工会工作委员会。如一些省设置的省级产业工会工作委员会。

（四）按产业工会隶属关系和办公地点分类

1. 驻会产业工会。如中国教科文卫体工会、中国海员建设工会、中国能源化学地质工会、中国机械冶金建材工会、中国国防邮电工会、中国财贸轻纺烟草工会、中国农林水利气象工会设在中华全国总工会，为驻会产业工会。

2. 不驻会产业工会。如中华全国铁路总工会、中国民航工会、中国金融工会，以对应产业部委党组领导为主，办公地点也设在对应产业部委，为不驻会产业工会。

省以下地方产业工会也存在类似情况。

（五）按产业工会收缴和管理工会经费的权限分类

1. 独立管理工会经费的产业工会。如中华全国铁路总工会、中国民航工会、中国金融工会。

2. 不管理工会经费的产业工会。如中国教科文卫体工会、中国海员建设工会、中国能源化学地质工会、中国机械冶金建材工会、中国国防邮电工会、中国财贸轻纺烟草工会、中国农林水利气象工会。

省区市产业工会和省辖市及以下产业工会也存在类似情况。

第二节 产业工会的设置和职责任务

根据《中国工会章程》的规定，产业工会全国组织的设置，由中华全国总工会根据需要确定；各级地方产业工会组织的设置，由同级地方总工会根据本地区的实际情况确定。为了更好地发挥产业工会作用，2016 年 11 月，全国总工会印发了《关于深入推进产业工会工作创新发展的意见》，对产业工会的职责定位进行了明确。产业工会作为一级领导机关其职责任务基本相同，但不同层次的产业工会其职责任务又有所侧重和不同。2021 年，作为全国总工会进一步深化改革的重要内容之一，驻会全国产业工会根据自身特点进一步调整完善了自身职责。

一、全国产业工会的组织设置和职责任务

全国产业工会是中华全国总工会领导下的本产业工会所属各级工会组织的全国领导机构，在研究解决涉及本产业发展和职工切身利益的行业性、全局性、政策性突出问题，落实工会重点工作，提高本产业工会工作整体水平，团结动员职工促进本产业的改革与发展等方面发挥着重要的作用。

（一）组织设置

《中国工会章程》第二十一条规定："产业工会全国组织的设置，由中华全国总工会根据需要确定。产业工会全国委员会的建立，经中华全国总工会批准，可以按照联合制、代表制原则组成，也可以由产业工会全国代表大会选举产生。全国委员会每届任期五年。任期届满，应当如期召开会议，进行换届选举。在特殊情况下，经中华全国总工会批准，可以提前或者延期举行。产业工会全国代表大会和按照联合制、代表制原则组成的产业工会全国委员会全体会议的职权是：审议和批准产业工会全国委员会的工作报告；选举产业工会全国委员会或者产业工会全国委员会常务委员会。独立管理经费的产业工会，选举经费审查委员会，并向产业工会全国代表大会或者委员会全体会议报告工作。"

（二）职责任务

根据中华全国总工会的有关要求和全国产业工会的工作实

践，全国产业工会的职责任务可概括为以下几个方面。一是负责制定本产业工会建设发展目标规划、年度工作计划并组织实施。二是调查研究和反映本产业改革发展重大问题和职工特殊权益诉求，代表行业和职工反映突出问题，参与涉及本产业职工切身利益的法律法规和政策的制定，维护本产业职工合法权益。三是加强与政府有关部门及对口部、局的联系以及相关工作的合作与配合。推动建立科学合理的产业（行业）劳动标准，开展行业工资集体协商，推动建立企业职工工资决定机制、正常增长机制和支付保障机制，构建和谐劳动关系。四是推动建立健全以职工代表大会为基本形式的企事业单位民主管理制度，推进厂务公开、业务公开，落实职工群众知情权、参与权、表达权、监督权，坚持和完善职工董事制度、职工监事制度。五是围绕产业经济发展，组织开展具有产业特点的示范性、引领性劳动和技能竞赛、职业道德建设、安全生产等建功立业活动，积极推荐和评选本产业的先进典型和劳动模范。六是以社会主义核心价值观为引领，深入实施产业职工素质建设工程，建设知识型、技能型、创新型产业职工队伍，培养产业“大国工匠”，提高产业职工队伍素质。七是总结经验，推广典型，指导产业工会各系统工会工作。八是认真完成全国总工会交办的工作任务，包括在全国总工会领导的安排下开展与对口产业的国际交流活动。

产业工会对于维护产业职工合法权益起着重要作用，如2009年起，中国海员建设工会与交通运输部、中国船东协会成立全国海上劳动关系三方协调机制，正式开展集体协商，并与船东协会首次签订《中国船员集体协议》，至2021年已开展协商11次，先后调整船员最低基薪8次，最低伙食费2次，出台了《船员伤病亡处理行业标准》、《中国船员工资结构标准》等4个行业标准；2021年，出台了《新型冠状病毒肺炎疫情防控期间船员劳动待遇标准》，是我国首个通过集体协商出台的行业性标准，中央电视台等多家主流媒体进行了报道，有效地保障了海员的合法权益，提升了海员的社会认可度，营造了关心关爱海员的良好氛围，促进了行业有序发展，有效保持海员队伍稳定。

（三）驻会产业工会全国委员会和常务委员会组成

2022 年 3 月，全国总工会组织部印发《驻会全国产业工会第五届全国委员会和常务委员会组成办法》，对各驻会产业工会全国委员会和常务委员会组成、委员产生办法及有关事项作出明确规定。《办法》着眼保持和增强工会工作和工会组织政治性、先进性、群众性，坚持党的领导、坚持民主集中制、坚持依法依规、坚持从实际出发，按照总体上增量、结构性优化、差异化指导、动态中调整、纪律上严格的思路，严把人选政治关、廉洁关、身份关，在规模数量、组成结构、名额分配、推荐提名等方面充分体现代表性、广泛性，为发挥驻会全国产业工会的独特优势作用奠定坚强有力的组织基础。

1. 全国委员会的组成。

（1）全国委员会由以下人员组成：各省（区、市）和部分市（地、州、盟）产业工会主要负责人；本产（行）业有影响的企业、事业单位工会负责人；本产（行）业其他基层单位工会负责人；劳模和一线职工代表；中央和国家机关有关单位、行业协会联系工会和相关部门（司局）负责人；驻会全国产业工会机关有关负责人。

（2）驻会全国产业工会第五届全国委员会人数上限不超过 230 名，其中劳模和一线职工占 10% 以上。第五届全国委员会第一次全体会议时，全国委员会人数不超过 220 名，数量应适当留有余地，届中可根据工作需要进行调整。

2. 全国委员会委员产生办法。

（1）名额分配。驻会全国产业工会全国委员会常务委员会提出委员名额分配办法。委员名额分配应根据工作需要，充分考虑不同产（行）业工会领导方式的差异，不同产（行）业职工数量、职工地区分布情况，全国委员会工作的稳定性和委员单位的连续性等因素，注意地区、行业平衡，做到合理分配。注重向高技能人才和产业工人倾斜，适当增加非公有制企业、新经济组织和新社会组织以及新就业形态劳动者名额比例。

（2）推荐提名。全国委员会委员建议人选的提出，坚持在党组织的领导下，从实际出发，严格标准条件。驻会全国产业工会与省（区、市）总工会充分沟通协商，听取省（区、市）产业工会意见，由人选所在单位工会或相关单位推荐提名，经所在单位党组织、纪检组织同意，履行民主程序后进行报送。其中：

省（区、市）和部分市（地、州、盟）产业工会的委员建议人选，由省（区、市）产业工会推荐提名，经省（区、市）总工会同意后，报驻会全国产业工会；

本产（行）业有影响的企业、事业单位工会的委员建议人选，本产（行）业其他基层单位工会的委员建议人选，由人选所在单位工会推荐提名，经省（区、市）总工会同意后，报驻会全国产业工会；

劳模和一线职工代表委员建议人选，由驻会全国产业工会分党组或省（区、市）产业工会推荐提名，经省（区、市）总工会同意后，报驻会全国产业工会；

由全国总工会领导并由全国产业工会实施具体指导的单位的委员建议人选，由人选所在单位工会推荐提名，报驻会全国产业工会；

中央和国家机关有关单位、行业协会的委员建议人选，由驻会全国产业工会分党组与人选所在单位党委（党组）或组织（人事）部门协商推荐提名；

驻会全国产业工会机关的委员建议人选，由驻会全国产业工会分党组推荐提名，由全国总工会组织部按照干部管理权限征求纪检组织意见。

（3）审批。全国委员会委员建议人选名单由驻会全国产业工会分党组提出，经全国总工会分管领导同意，报全国总工会党组审批。在驻会全国产业工会全国委员会第一次全体会议预备会议上确认。

3. 全国委员会常务委员会的组成。

（1）全国委员会常务委员会由以下人员组成：驻会全国产业工会领导班子成员；部分本产（行）业全国总工会执委会委员；部分省（区、市）和市（地、州、盟）产业工会主要负责人；本产（行）业有影响的企业、事业单位工会负责人；劳模和一线职工代表；中央和国家机关有关单位、行业协会联系工会和相关部门（司局）负责人。

（2）全国委员会常务委员会的组成，应有利于全国委员会科学决策、提高本产业工会工作整体水平、保持常务委员会工作连续性，充分考虑产（行）业覆盖面，按行业和地区合理分布，体现广泛性、代表性。注重向高技能人才和产业工人倾斜，根据实际情况适当增加非公有制企业、新经济组织和新社会组织以及新就业形态劳动者名额比例。

（3）驻会全国产业工会第五届全国委员会常务委员会人数上限不超过60名，其中劳模和一线职工占10%以上，配备2名兼职副主席。第五届全国委员会第一次全体会议选举产生的常务委员会人数不超过55名，数量应适当留有余地，届中可根据工作需要进行调整。

4. 常务委员会成员的产生办法。

(1) 全国委员会主席、副主席（含兼职）候选人由全国总工会党组提名（兼职副主席候选人由驻会全国产业工会分党组提出建议人选名单），由全国总工会组织部征求中央纪委国家监委驻中华全国总工会机关纪检监察组意见。新提名兼职副主席候选人按照《全国总工会机关接收使用兼职干部办法（试行）》规定程序，由全国总工会组织部会同驻会全国产业工会进行组织考察。

(2) 常务委员候选人建议人选名单由驻会全国产业工会分党组提出，征求推荐单位党组织、纪检组织意见，经全国总工会分管领导同意，报全国总工会党组审批。

(3) 主席、副主席（含兼职）、常务委员由驻会全国产业工会全国委员会全体会议等额选举产生，选举结果报全国总工会审批。

二、省级产业工会的组织设置和职责任务

省级产业工会是指省、自治区、直辖市产业工会。省级产业工会是省、自治区、直辖市总工会和全国产业工会领导下的省内产业各级工会组织的领导机构，是全国产业工会与城市、县（区）产业工会和基层工会密切联系，开展工作的重要结合点，在全国产业工会和地方总工会的工作中发挥着重要作用。

（一）组织设置

省级产业工会的设置，由同级地方总工会根据本地区的产业经济发展和产业职工队伍变化实际情况，可以建立驻会产业工会，也可以依托行政主管部门或骨干企业集团等设立产业工会。铁路、民航、金融实行垂直领导的产业工会地方组织的设置，由相关全国产业工会提出意见，报全国总工会批准。

省级总工会应结合省级工会改革，逐步规范理顺省级产业

工会组织。省级产业工会的设置，应适当考虑与相关全国产业工会相衔接，建立和畅通全国产业工会与省级产业工会的工作联系渠道。省级产业工会领导范围能够与全国产业工会相对应的，在接受省级总工会领导的同时接受相关全国产业工会的领导；难以与全国产业工会相对应的，应确定相关产业工会或省级总工会有关部门负责联系，以保证全国产业工会上下工作渠道畅通。原来设在政府有关部门的产业工会，政府机构改革后政府部门继续保留的，其产业工会组织体制可保持不变；政府部门改组为企业集团公司、控股公司的，其产业工会可以相应改组为企业集团公司工会或控股公司工会，根据工作需要，可以继续履行产业工会职能，或重新组建产业工会；政府部门撤销的，可在地方总工会内部设立相应的产业工会或组建性质相近的产业工会。

省级产业工会委员会的组建，可参照产业工会全国委员会的建立办法，经同级地方总工会批准，可以按照联合制、代表制原则组成，也可以由省级产业工会代表大会选举产生。省级产业工会经批准可以设立常委会。

（二）职责任务

根据中华全国总工会的有关要求和省级产业工会的工作实践，对省级产业工会的职责任务可概括为以下几个方面：一是调查研究和反映本产业职工特殊利益问题，积极参与涉及本地区本产业职工切身利益重大问题的地方法规和政策的制定，从源头上维护本地区本产业职工的合法权益。二是协同有关部门重点抓好产业职工的职业道德、职业纪律、职业技能教育和培训，动员职工开展具有产业特色的职工经济技术创新活动。三是在省、自治区、直辖市总工会领导下，加强对下级产业工会工作指导，积极推动省辖市和县（区）的产业工会组织建设。四是根据省、自治区、直辖市总工会的要求，领导省国资委管理的国有企业工会，抓好典型，总结经验，加强对基层工会工作的分类指导和服务。五是认真完成全国产业工会和省、自治区、直辖市总工会交办的工作任务。

三、城市产业工会的组织设置和职责任务

城市产业工会就是通常讲的地级城市产业工会。城市产业工会同全国产业工会、省级产业工会相比，有其自身的特点。城市产业工会直接领导基层企事业工会，处于市总工会、上级产业工会和基层工会的中间环节，既是市总工会和上级产业工会领导下的一级地方产业工会组织，又是基层工会和县（区）产业工会的领导机构，其工作的范围和影响力具有辐射性，在领导基层工会工作、维护职工合法权益、落实工会重点工作、促进经济和社会发展、维护改革发展稳定大局等方面，具有特殊的地位和作用。城市产业工会工作水平高低，作用发挥的大小，直接反映着地方工会工作的整体水平。

（一）组织设置

城市产业工会组织设置总的要求是：要适应工业化、信息化、城镇化、市场化、国际化的深入发展和政府行政管理体制改革、产业结构调整的要求，在支柱产业和职工集中的行业建立健全产业工会组织；要适应市场经济条件下非公有制经济的发展，工会工作领域和工作对象的变化，建立覆盖本产业所在地区不同所有制企业工会的产业工会组织体系；可以在行业协会组织健全、发育成熟的行业，已经形成以骨干企业为龙头的上下游产业链、企业联系紧密的行业，政府行政约束力强、管理规范的行业开展建立市级行业工会联合会试点工作，已经建立的要注重加强规范性建设。

1. 及时调整充实原设在产业局、公司的产业工会。

对原设在政府产业局、公司的产业工会，应根据政府机构

改革的不同情况，及时进行调整和充实：对那些产业已经萎缩的产业工会进行归并；对那些政府机构改革后产业性质仍然明显、职工相对集中的产业工会予以保留；对改组为企业集团或资产控股公司的，在同步建立健全工会组织的同时，可根据本市经济发展和工作需要，赋予其产业工会的职能，或以其为依托组建新的产业工会。

2. 建立和完善市一级产业工会组织。

根据社会主义市场经济发展的需要，紧密结合本市经济和社会发展、产业结构优化升级、协调劳动关系和工会工作的实际需要，紧密结合各产业的实际情况，加强领导，统筹考虑，采取多种形式，建立和完善市一级产业工会组织。如有的产业工会可设在市总工会；有的产业工会可设在资产控股公司和大型企业集团，赋予其产业工会的职能；有的产业工会可与行业协会相对应，将若干个性质相近的行业工会联合在一起，按联合制、代表制的原则组建为行业工会联合会。

3. 积极探索和建立覆盖全产业的市级产业工会组织体系。

城市产业工会的发展方向，是能够全面覆盖全市本行业的基层工会组织，做到既能够负责管理其直属的基层工会组织，又能够承担起对全市区、县所属本产业企业工会和行业工会进行指导服务的任务。为此，可根据促进产业发展和维护职工利益的需要，对支柱产业，企业多、职工人数多的产业，实行条块联动，在市属区、县，积极探索建立区域性行业工会，并在组织隶属关系、上缴经费渠道、工作对象、会籍管理不变的情况下，实行市级产业工会与区域性行业工会的衔接，从而推进建立覆盖全行业的市级产业工会组织体系，发挥工会组织的整体功能。

（二）职责任务

根据城市产业工会的特殊地位及其工作实践，对城市产业工会的职责任务可概括为以下几个方面：一是调查研究和反映本产业职工特殊利益问题，积极参与涉及本产业职工切身利益重大问题的地方法规和政策的制定，从源头上维护本产业职工的合法权益；二是组织指导企业工会重点抓好职工的职业道德、职业纪律、职业技能教育和培训，开展具有产业特色的职工经济技术创新活动；三是组织指导企业建立健全职工民主管理制度，推进厂务公开，开展工资平等协商和签订集体合同；四是与有关部门做好劳动模范和先进人物的评选表彰、事迹宣传和日常管理；五是负责所属基层工会组织日常工作的联系与指导，抓好典型，总结经验，做好对基层工会工作的分类指导和服务；六是参与有关群体事件的调查处理以及日常的职工信访接待工作；七是认真完成市总工会和上级产业工会交办的工作任务。

四、县（区）以下产业工会的组织设置和职责任务

县（区）以下产业工会是指县（区）、乡镇（街道）职工按照行业联合组织起来的工会组织。随着我国工业化、信息化、城镇化、市场化、国际化的深入发展，特别是经济结构调整、国有经济改革重组，县域经济得到了快速发展，在我国的社会主义现代化进程中占有越来越重要的地位。目前，县域经济和行政管理体制的改革发展，使长期以来适应计划经济形成的县（区）工会组织管理模式和运行机制、工作方式遇到挑战，很难对各种行业、各种类型的企业工会实行有效的领导。同时，随着非公有制经济和产业集群、特色经济的发展，也使县乡经济呈现出行业集聚的特点。大量的、分散的、小型的非公有制企业工会的组织建设和工作的开展，急需上级工会进行有效的分类指导。

（一）组织设置

县（区）以下产业工会的设置，由县（区）总工会根据本

县（区）的实际情况确定。县（区）以下产业工会的设置应该把握的原则和方向是：按照“扩大覆盖面、增强凝聚力”的要求和“组织起来、切实维权”的工作方针，与社会主义市场经济体制相适应，与不断加快的工业化、城镇化进程相协调，积极探索完善县（区）以下区域与行业相结合的产业工会组织体系，为工会充分履行基本职责和各项社会职能提供组织保证。

要根据县级政府部门设置和行政管理职能的情况，对现有的产业工会，进行调整和完善。在市场经济发展过程中，县域内原有的国有企业和集体企业基本都已改制重组，非公企业成为县域经济构成的主要组成部分。加强县级产业工会建设，首先要积极争取政府有关部门的支持，把教育、文化、卫生、医疗、体育、农林水利、交通运输等系统的企事业单位，按照产业分类，健全县级产业工会。对那些在县（区）、乡镇（街道）经济发展中具有举足轻重地位的支柱产业或职工队伍集中的行业，可从实际出发，按照地域相近、行业相同、管理服务便捷的原则，采取联合制、代表制的方式，依托工会工作基础比较好的单位，建立县级产业工会，接受县（区）总工会的领导和上级相对应产业工会的领导。

（二）职责任务

县（区）以下产业工会的职责任务总的要求是：要与县（区）总工会的工作紧密结合，按照县（区）总工会确定的重点工作，调查和反映所属基层工会和职工的利益诉求，协调解决职工普遍关心的实际问题，负责所属基层工会工作的联系与指导，开展具有产业特色的重要活动。一是调查和反映本产业工人特殊利益问题，积极向有关方面提出意见和建议。二是组织指导企业建立健全职工民主管理制度，推进厂务公开，开展工资平等协商和签订集体合同。三是组织指导企业工会抓好职工的职业道德、职业纪律、职业技能教育和培训，开展具有产业特色的职工经济技术创新活动。四是负责所属基层工会组织日常工作的联系与指导，培训工会干部，抓好典型，总结经验，对基层工会进行分类指导和服务。五是组织开展具有产业特色的重大活动，扩大产业工会的社会影响。六是认真完成县（区）总工会和上级产业工会交办的工作任务。

第三节　行业工会联合会

行业工会联合会，是指按照产业分工和行业性质，由同一行业或性质相近行业的企事业单位工会，在一定的地域内按照联合制、代表制的原则组织起来的一级工会组织。积极推进行业工会联合会建设，是创新产业工会组织体制，进一步加强和改进产业工会工作的需要。

一、行业工会联合会的产生及意义

行业工会联合会是 1987 年首先由江苏省常州市和山东省潍坊市总工会，从适应城市经济体制改革和政府管理职能转换的要求，对原有的产业工会进行改革，对应政府行业办公室，采取联合制、代表制的原则，建立行业工会联合会的改革尝试产生的。1987 年，常州市在城市经济体制改革试点过程中，对工业系统 13 个行业性工业管理局的机构和职能进行了调整合并，重新组建了 8 个行业管理办公室。常州市总工会适应行业性工业管理局的机构职能的变化，把原来依附于工业管理局的产业工会也重新组合，对应市行业管理办公室重新组建了纺织、机械冶金、电子、轻工、化工、医药、塑料、建材 8 个行业工会联合会。

这些行业工会联合会的主要特点有：一是工会联合会的组建与政府行业管理机构设置相对应，办公地点设在政府行业办公室，便于了解和掌握行业情况，开展工作和参与涉及行业职工利益的重要问题研究；二是工会联合会按照联合制、代表制的原则建立，真正实现了上级代表下级，基层工会代表职工，工会为职工服务的组织体制，推进了工会组织的群众化和民主化；三是工会联合会自下而上民主协商推选行业工会联合会领导人，主席一般由行业内规模较大、能力较强、具有影响力的企业工会主席担任；四是工会联合会设立办公室，配备秘书长负责日常事务，联合会重大活动和重要事项，在充分听取委员意见的基础上，召开主席会议按照民主集中制的原则决定。按照联合制、代表制的原则建立工会联合会，是适应经济体制改革要求、推进工会组织群众化和民主化建设的重要举措，是工会组织制度的创新。这项改革得到了全国总工会的充分肯定，一些地方工会也相继进行了试点，行业工会联合会这种组织形式得到了不断发展。

近年来，各地工会为适应政府机构改革、产业结构调整、国有企业转制重组、非公有制经济迅速发展、工人阶级队伍日益壮大、工会工作领域和对象发生深刻变化的需要，转变依托行政隶属关系建立产业工会组织体系的传统观念，打破所有制界限，与行业协会相对应，积极推进行业工会联合会的建设，使行业工会联合会在建立覆盖全行业不同所有制职工的产业工会组织体系、构建与行业协会合作共事并开展集体协商工资谈判的工作新格局、协调解决具有产业特点的劳动关系突出问题等方面发挥了积极作用。如山西省总工会加大支持保障力度。制定印发《山西省产业工会规范化建设指导意见》，从组织体系和组织建设、工作任务与标准、运行机制和工作制度等多方面对产业工会工作进行指导。经费进一步倾斜，每年向 500 人以上的区域性（行业性）工会联合会发放经费补贴，特别是 2019 年将补贴标准从 5000 元提高到 10000 元，近年来年均发放补贴 1000 余万元。

二、建立行业工会联合会的原则和要求

建立行业工会联合会是适应社会主义市场经济条件下工会工作需要，探索中国特色社会主义产业工会工作规律的重要内容，是工会组织制度和组织体制的重要改革，必须充分认识产业工会改革和建设的长期性、复杂性，把握好建立行业工会联合会的原则和要求：一是建立行业工会联合会的重点是在县（区）及以下区域。在健全和完善乡镇（街道）工会、社区（村）工会、企业工会的同时，建立县（区）、乡镇（街道）或工业园区行业工会联合会。城市总工会可以根据本地实际和工作需要，研究探索，进行试点。二是在县（区）、乡镇（街道）或工业园区建立行业工会联合会，应当根据产业工会工作需要，针对基层单位经营规模和职工队伍特点，从实际出发，因地制宜、循序渐进、积极稳妥地推进。三是坚持以县（区）、乡镇（街道）或工业园区内企业工会等基层工会和联合基层工会为基本成员单位，组成行业工会联合会。行业工会联合会接受本产业工会的工作指导。四是行业工会联合会覆盖的企事业单位工会组织领导关系、经费收缴渠道保持不变。地方工会要加强对行业工会联合会的领导，给予人力、物力、财力等支持保障。

三、行业工会联合会的组织形式

（一）在城市产业工会中按联合制、代表制原则建立行业工会联合会

如南京市 2003 年按联合制、代表制原则组建了南京市财贸工会联合会。在此基础上，根据工作需要又在南京市财贸工会联合会组织体系内按联合制、代表制原则，依托骨干企业建立了不分所有制性质的南京市饮食服务行业工会、南京市商业贸

易行业工会、南京市粮食行业工会、南京市供销行业工会。

（二）与政府机构改革后行业管理机构相对应，设置行业工会联合会

如上海市总工会2005年根据轻工（控股）集团公司国有资产管理方式的改变，相对应政府有关工业管理工作委员会，建立了上海市轻工业工会联合会。

（三）健全和完善县（区）及以下行业工会联合会

针对在县（区）地域内企业规模小、职工人数少且流动频繁的现状，可从实际出发，在产业经济发展较好、产业职工较多的地方，按照地域相近、行业相同、管理服务便捷的原则，采取联合制、代表制方式，积极推进建立县（区）、乡镇（街道）或工业园区等行业工会联合会，接长产业工会手臂、延伸工作触角，覆盖不同所有制企事业单位和相关社会组织。如杭州市临安区青山湖街道根据辖区内物流货运企业多的行业特点和货运物流行业职工流动频繁的特殊情况，组建了物流货运行业工会联合会，推进物流货运企业普遍建立工会组织，最大限度地把货运司机吸收到工会组织中来。

四、行业工会联合会的职责任务

行业工会联合会主要是在县（区）以下、按照地域建立的工会组织，工作对象主要是小型、分散、职工流动性大的非公有制企业职工。行业工会联合会的职责任务，重点是组织和指导基层工会落实上级工会的工作部署和要求，具体有以下几个方面。

一是按照市、县地方总工会和上级产业工会的要求，推动和指导本行业内的用人单位及时组建工会，加强对基层工会日常工作的指导，把职工最大限度地吸收到工会组织中来，组织职工开展具有行业特色的活动。二是负责推动建立行业职代会

制度，通过职工代表倾听和收集职工的意见和要求，代表职工参与行业劳动标准的制定，促进企业劳动关系的和谐稳定。三是建立行业性劳资双方协商、对话机制，与行业协会（企业家协会）就行业职工工资、保险福利、劳动条件等劳动标准进行协商，签订行业工资协议和集体合同，维护职工劳动经济权益，保持职工队伍稳定，促进行业发展。四是根据行业特点，组织职工开展劳动竞赛、合理化建议、技术革新、技术协作和发明创造等活动。五是调查研究本行业职工安全生产和职业危害情况，提出意见和建议，加强对职工的劳动保护。六是履行有关法律和章程规定的工作任务、完成上级工会部署的各项工作。

五、积极构建行业工会联合会与行业协会（雇主组织）的平等协商机制

随着各类行业协会的不断扩大和雇主组织属性的不断归位，集体谈判已从以企业为主提升到以产业为主。把行业协会作为合作和协商的伙伴，积极构建行业工会联合会与行业协会（雇主组织）的平等协商机制，是工会必然的选择。行业工会联合会在这方面可以发挥积极的作用，特别是在非公有制小企业集中的区域，行业工会联合会的作用会更加明显。行业协会在研究行业经济宏观形势、协调企业关系、服务行业发展等方面，具有独特的不可替代的优势，也是行业工资集体协商不可或缺的主体。行业工会联合会要与行业协会（雇主组织）加强联系与合作，共同加强对行业发展状况、企业生产经营状况、职工生产生活状况的调查研究，为制定行业工资指导线、劳动力市场工资指导价位、劳动定额标准等提供必要的信息基础。共同就确定行业劳动条件、工时定额、工资标准和职业安全卫生标准等进行协商。

为适应工会开展工资集体协商工作的要求，各地积极探索

和推行行业工会联合会与行业协会（雇主组织）的平等协商机制，开展行业工资集体协商，收到了良好效果。比如，武汉建筑行业工会联合会和武汉市建筑业协会共同签署了武汉地区建筑行业集体合同，“包括农民工在内的建筑行业用工，必须签订合法的劳动合同和确保每月足额以货币形式支付工资”成为合同中的重要条款，除工资事项外，合同还对职工应享有的各项福利待遇、劳动保障等作了规定。通过与对应的行业协会协商谈判签订集体合同，使职工的切身利益得到了保障，进一步激发了生产积极性，企业主也摆脱了劳资纠纷的困扰，能更好地抓好生产经营，从而促进了劳动关系的和谐稳定，真正实现了劳资双赢。

思考题：

1. 我国产业工会的组织原则有哪些？其主要内容是什么？
2. 产业工会的职责主要有哪些？
3. 组建行业工会联合会的原则和要求是什么？

第四章　推进新时代产业工会工作创新发展

第一节　推进新时代产业工会工作创新发展的重要意义

党的二十大报告提出新时代新征程中国共产党的使命任务，是团结带领全国各族人民全面建成社会主义现代化强国、实现第二个百年奋斗目标，以中国式现代化全面推进中华民族伟大复兴；阐述了中国式现代化的五个鲜明中国特色、九个方面本质要求、前进道路上必须牢牢把握的五个重大原则，深刻回答了在我们这样一个具有悠久文明历史的国家“建设什么样的社会主义现代化强国、怎样建设社会主义现代化强国”这个根本问题。这些论述为产业工会做好工作提供了更为广阔的舞台，也提出了新的更高要求。产业工会必须紧紧把握国家经济社会发展的新要求、产业劳动关系的新变化和产业职工群众的新诉求，努力开创新时代产业工会工作新局面。

一、深入学习贯彻习近平新时代中国特色社会主义思想、切实履行产业工会政治责任的必然要求

习近平新时代中国特色社会主义思想，开辟了马克思主义中国化的新境界，是新时代中国特色社会主义的政治宣言和行动纲领，也是统领工会全部工作的行动指南。深入学习贯彻

习近平新时代中国特色社会主义思想，对于凝聚全党全国各族人民的思想共识和智慧力量，全面建设社会主义现代化国家，全面推进中华民族伟大复兴，具有重大的现实意义和深远的历史意义。以党的旗帜为旗帜、以党的意志为意志、以党的使命为使命，围绕中心、服务大局是工会组织的传统和优势。产业工会要紧密联系我国发展面临的新的战略机遇、战略任务、战略阶段、战略要求、战略环境，以贯彻党中央决策部署为前提，创造性地谋划和推动工会工作。要深刻认识工人阶级是实现中国式现代化的中坚力量，全心全意依靠工人阶级，扎实推动产业工人队伍建设改革，大力弘扬劳模精神、劳动精神、工匠精神，培养更多大国工匠、高技能人才。

二、围绕中心服务大局、促进产业经济持续健康发展的应有之义

习近平总书记指出，供给侧结构性改革，重点是解放和发展社会生产力，用改革的办法推进结构调整；强调要从生产端入手，促进产能过剩有效化解，促进产业优化重组，发展战略性新兴产业和现代服务业，构建现代产业发展新体系。从制造大国向制造强国跨越，推进我国社会生产力水平实现整体跃升，对造就一流技能人才队伍、提高产业工人整体素质提出了新的要求。同时，国家对产业的调控方式更多地转变为政策指导和市场引导，非公有制经济成分比重不断提高，产业和企业组织形式、资产结构更趋复杂，产业差异性逐步扩大，产业内的不同行业划分日益细化，对产业工会健全组织体系、完善工作机制、开展体现行业特色工作提出了更高要求。在产业政策不断调整、产业结构优化升级、产业经济走势分化的新形势下，只有推进产业工会工作创新发展，充分发挥产业工会独特优势，才能切实推动产业工人队伍建设改革工作落实落细，不断提高

产业工人队伍素质。产业工会只有不断创新维权服务的路径与手段，源头参与推动提高劳动报酬在初次分配中的比重，促进实现多劳者多得、技高者多得，推动增加低收入者收入、扩大中等收入群体，推动完善以职工代表大会为基本形式的企事业单位民主管理制度，才能促进产业经济持续健康发展。

三、适应全面深化改革要求、深入推进工会改革的客观需要

《中共中央关于加强和改进党的群团工作的意见》指出，近年来党的群团工作在继承创新中不断加强，但与新形势、新任务的要求相比仍存在许多不适应的问题。产业工会是我国工会的重要组成部分，在产业与地方相结合的工会组织体系中，产业工会和地方工会两个“轮子”同等重要，相辅相成、缺一不可。但从产业工会现状来看，仍然不同程度存在着组织设置不够合理、覆盖不够全面、职责定位不够清晰、工作渠道不够顺畅等问题，迫切需要加以研究解决。工会具有鲜明的政治属性，深化工会改革和建设是工会组织发展的必然选择。产业工会要牢记“三个务必”，强化产业工会系统党的组织的政治功能和组织功能；要围绕保持和增强政治性、先进性、群众性深化工会改革和建设，把牢深化产业工会改革的关键环节，夯实基层工会基础；要抓住深化工会改革的关键少数，结合赴基层蹲点、“转作风、解难题、促发展、保稳定”专项行动等，增强工会干部做群众工作的能力和担当作为的底气。

四、深入推进产业工人队伍建设改革、切实维护产业职工利益、构建产业和谐劳动关系的现实要求

当前，我国经济发展新常态特征更加明显，产业经济结构深刻调整，传统产业在改造中提升，新技术、新产业、新业态

蓬勃发展，为产业发展带来巨大活力。同时，产业工人队伍规模迅速壮大，内部结构更加复杂多样，同一产业内职工的行业分布、劳动形态、生产方式、劳动标准等，由相对单一变得多样；产业工人队伍中有大量的农民工、劳务派遣工，也有高学历、高层次、高技能职工，不同行业、不同群体的职工在利益诉求上既有相似性，又有特殊性，还有新特点，增加了做好产业职工工作的难度。劳动关系的产业化特征更趋明显，在一些劳动密集型和服务型行业，一线普通职工劳动强度大，工资增长缓慢，社会保险费缴纳不到位，安全生产条件比较差，职工权益难以保障；劳动定额、工资标准、劳动保护等方面产业化、行业化趋势更加明显，一些地方的劳动争议出现行业性苗头。在一些新兴产业中，产业工会的工作覆盖面不足、触角不灵敏。这些都迫切需要扩大服务对象、拓展服务领域、丰富服务内容、创新服务手段，为职工构建多层面、多渠道的维权服务体系，从产业层面加强协调劳动关系，有针对性地维护好产业职工合法权益。

面对新形势、新任务，产业工会一定要站在党和国家工作大局的高度，站在巩固党的执政基础的高度，站在促进我国经济社会持续健康发展的高度，认真学习贯彻习近平总书记系列重要讲话精神特别是关于产业工人队伍建设改革的重要论述，深刻认识推进产业工人队伍建设改革的重要性、必要性和紧迫性，把思想和行动统一到党中央的决策部署上来，充分认识推进产业工会工作创新发展的重要意义，增强思想自觉，强化责任担当，积极探索实践，努力把产业工会的特点和优势发挥出来，更好地发挥产业工会的独特作用。

五、积极应对新发展阶段产业工会面临的新形势新任务的重要举措

“十四五”时期，我国进入新发展阶段，经济关系、劳动关系、职工队伍发生深刻变化，产业工会面临新形势新任务。各级工会要从战略和全局的高度，深入分析形势变化对产业工会工作带来的影响，进一步增强做好产业工会工作的责任感使命感紧迫感。

一是产业转型升级给产业工会工作带来了新机遇新挑战。当今世界正经历百年未有之大变局，国际力量对比深刻调整，不稳定性不确定性明显增加，新冠肺炎疫情影响广泛深远，经济全球化遭遇逆流，全球产业链、供应链、价值链面临重构。伴随新一轮科技革命和产业变革的深入发展，新一代信息技术、生物技术、新能源、新材料等新兴技术不断取得重大突破，大数据、人工智能、云计算、物联网、5G、区块链等信息技术加快创新应用，不断向各领域融合渗透和赋能，形成放大效应，许多产业面临转型升级的重大挑战和机遇。虽然我国是当前全球唯一拥有联合国产业分类中全部工业门类的国家，但产业链供应链存在诸多“断点”、“堵点”，核心技术缺失，关键零部件受制于人的问题依然突出。加快推动产业基础高级化和产业链供应链现代化水平、提升我国产业链供应链的安全性和竞争力，对产业职工技术技能提升提出新的更高要求。这就要求产业工会立足新发展阶段，围绕贯彻新发展理念、构建新发展格局，适应产业结构和职工队伍的变化，在提升产业职工技术技能素质、实现制造大国向制造强国转变、推动高质量发展中发挥更大作用，展现作为和担当。

二是职工队伍结构变化对产业工会工作提出了新课题。随着数字经济成为撬动经济增长的新动能，不断催生新产业、新

业态、新模式，我国职工队伍结构发生深刻变化，以货车司机、网约车司机、快递员、外卖配送员等为代表的新就业形态劳动者快速增长。有关数据显示，2021 年，我国依托互联网平台就业的新就业形态劳动者约 8400 万人。与传统就业模式相比，新就业形态劳动者的就业方式、劳动关系、权益保障、组织方式存在许多新的特点，如果相关法规政策保障不能及时跟上，就容易引发劳动领域矛盾，为职工队伍稳定乃至社会大局和谐稳定带来风险和挑战。这是各产业工会都面临的问题，有的产业工会可能更多一些。比如，海员建设工会、国防邮电工会、财贸轻纺烟草工会等产业工会的工作领域聚集了大量新就业形态劳动者，这要求产业工会进一步适应职工队伍结构的变化，特别是新就业形态劳动者大量增加的新情况，增强责任感紧迫感，深入细致做好工作，把他们尽可能地组织到工会中来，有效解决他们面临的急难愁盼问题，引导他们听党话、感党恩、跟党走。

三是满足职工美好生活需要对产业工会工作提出了新任务。我国已经全面建成小康社会，实现了第一个百年奋斗目标，正在向着第二个百年奋斗目标迈进。适应我国社会主要矛盾的变化，更好满足人民日益增长的美好生活需要，促进全体人民共同富裕，已经成为党和国家工作的着力重点。广大产业职工对实现美好生活的需要日益增强且多样化，正在从满足基本生活需要向提升生活品质转变，从满足物质性需求向体面劳动、实现自我价值等社会性、精神性需求转变。同时，不同产业的职工由于产业环境、行业状况、就业岗位、工作方式、成长经历不同，在利益诉求上又呈现出一定差异性。这就要求产业工会发挥熟悉产业、联系职工紧密的优势，准确把握本产业职工对美好生活的需求，针对不同产业职工对自身利益诉求的不同关注点、侧重点，为产业职工提供更多适应性广、个性化强、针对性强的维权服务，推动他们共建共享改革发展成果，实现共同富裕。

四是深化工会改革创新对产业工会工作提出了新要求。产业工会的创新发展是工会改革的重要一环，推动工会工作创新发展，既要发挥地方工会的作用，也要调动产业工会的积极性和主动性。当前产业工会发展中还存在着一些问题和不足。比如，产业工会组织体系不够健全，上下联系不够紧密，工作覆盖面窄；有些产业工会职责定位不够清晰，部分地方工会与产业工会之间，区域工会联合会与企业集团工会、行业工会联合会之间职责定位不够清晰，存在一定程度的职责交叉；有的地方将产业工会作为一个职能部门来管理，忽视产业工会的产业特色、行业优势；有些产业工会运行机制创新不足，在推动涉及联席会议、产业劳动关系三方协商、劳动关系矛盾调处、联系基层工会等制度机制建设上工作力度还不够大；有些产业工会组织关系不健全，对新型产业、重点产业和“两新组织”（新经济组织、新社会组织）没有纳入产业工会管理，对所属产业尤其是产业内非公企业职工的组织覆盖和工作覆盖不够；一些产业工会运用互联网掌握职工诉求、有针对性开展服务不够，工会工作方法手段有待改进；有的产业工会在领导班子建设、干部队伍建设等方面还存在一些问题，比如在思想观念，能力水平，工作的积极性、主动性、创造性等方面，还有待进一步提升和加强；等等。这些问题中，既有普遍性的问题，也有特殊性的问题。问题的原因，既有客观方面的，也有主观方面的，还有一些是历史上累积形成的。

解决这些问题，需要包括产业工会在内的各级工会特别是工会领导机关坚持问题导向，群策群力、集思广益，具体问题具体分析，把问题分析得更透彻、更全面，分清轻重缓急，实事求是、对症下药，找准原因、推动解决，不断激发产业工会的内生动力，推动产业工会工作再上新台阶。

第二节　推进新时代产业工会工作创新发展的主要原则和目标任务

全面学习、全面把握、全面落实党的二十大精神是各级工会和广大工会干部当前和今后一个时期的首要政治任务，各产业工会要完整、准确、全面领会党的二十大的重要思想、重要观点、重大战略、重大举措，找准产业工会工作与党的二十大精神的结合点和切入点，坚持围绕中心服务大局，把党中央提出的重大部署转化为产业工会的实际行动，深入贯彻全心全意依靠工人阶级的方针，认真履行维权服务基本职责，积极推动构建和谐劳动关系，深入推进产业工人队伍建设改革，深化工会改革和建设，积极构建联系广泛、服务职工的产业工会工作体系，不断提高做群众工作的本领，有效发挥党联系职工群众的桥梁和纽带作用。

一、总体要求

全面贯彻习近平新时代中国特色社会主义思想和党的二十大精神，特别是习近平总书记关于工人阶级和工会工作的重要论述，牢牢把握新时代新征程的中心任务，深刻领会中国式现代化的中国特色和本质要求，准确把握前进道路上的重大原则，自觉把党中央决策部署贯彻落实到经济社会发展的各领域各方面，担当作为、求真务实，把中国特色社会主义伟大事业不断推向前进。贯彻落实中央党的群团工作会议、牢牢把握我国工人运动的时代主题，坚定不移走中国特色社会主义工会发展道路，立足产业工会工作实际，健全组织、完善体制，明确职责、突出重点，深入扎实推进工会改革创新，不断增强政治性、先进性、群众性，充分发挥产业工会重要作用。产业工会要始终胸怀“两个大局”，按照《中国工运事业和工会工作“十四五”发展规划》要求，进一步理清思路、突出重点，积极行动、主动作为，以更大的力度、更务实的举措推进产业工会工作创新发展，为推动产业健康持续发展贡献智慧力量，为提高工会工作整体水平发挥重要作用。

二、主要原则

一是坚持党的领导，牢牢把握正确政治方向，围绕中心、服务大局，遵循产业和地方相结合的工会组织领导原则，充分发挥产业工会在服务党和国家工作大局中的积极作用。二是坚持依法依章，严格按照《中华人民共和国工会法》和《中国工会章程》，设置调整产业工会组织，处理协调产业工会组织领导关系，依法依章履行职责。三是坚持立足实际，做到产业工会组织设置与产业结构调整、产业职工队伍变化和行政管理体制改革相适应，突出产业特色和产业工会特点，创造性开展工作。四是坚持问题导向，勇于探索实践，破解发展难题，研究新情况、解决新问题，切实增强产业工会的吸引力、凝聚力、战斗力。

三、目标任务

一是加强产业职工思想政治引领。要把握学习领会党的二十大精神的着重点，把着力点聚焦到习近平总书记是党中央的核心、全党的核心，习近平新时代中国特色社会主义思想是党必须长期坚持的指导思想上。要切实履行引导广大产业职工听党话、跟党走的政治责任，推动习近平新时代中国特色社会主义思想进企业、进车间、进学校、进教材、进头脑，打牢广大产业职工团结奋斗的思想基础。要扎实开展党史学习教育，认真贯彻落实党中央、国务院《关于新时代加强和改进思想政治工作的意见》，突出宣传党的十八大以来党和国家事业取得的历史性成就、发生的历史性变革，宣传习近平总书记和党中央对广大职工群众的亲切关怀、关心、关爱，宣传我国统筹疫情防控和经济社会发展取得的重大成果，引导广大产业职工深刻认识中国共产党为什么能、马克思主义为什么行、中国特色社会主义为什么好，从党的百年历史中汲取信心和力量，更加坚定制度自信，更加紧密地团结在以习近平同志为核心的党中央周围，坚定不移听党话、矢志不渝跟党走。要组织广大产业职工深入开展“中国梦·劳动美”主题活动，不断丰富职工文化产品供给，使社会主义核心价值观融入产业职工生产生活。要不断创新思想政治工作方式方法，强化网上思想政治引领，发挥工会报刊、网站、文化宫、出版社、职工书屋等宣传文化阵地以及新媒体作用，推动思想政治工作传统优势与信息技术深度融合。要体现共性、突出特性，针对不同产业职工群体不同的职业特征、年龄结构、文化层次、思想状况、利益诉求等，坚持分类指导，因产业、行业、企业、群体施策，努力做到思想政治引领全覆盖、方式方法多样化，不断提升思想政治工作的针对性实效性。

二是组织产业职工建功立业。要紧紧围绕实现第二个百年奋斗目标，聚焦“十四五”时期国家重大战略、重大工程、重大项目、重点产业，组织引导各产业所联系的职工，广泛深入持久开展以“建功‘十四五’、奋进新征程”为主题的劳动和技能竞赛，搭建同行业同工种劳动和技能竞赛舞台，为本产业的技术能手、创新标兵搭建跨区域平台，成立跨区域、跨行业、跨企业的行业劳模（工匠）创新工作室联盟，助力提高产业核心竞争力，推动产业行业高质量发展。要紧扣解决制约产业发展的问题，深入开展技术革新、技术协作、发明创造、合理化建议、网上练兵和“五小”等群众性技术创新活动。要积极引导落实企业培养产业工人主体责任，推进具有产业（行业）特色的工匠学院建设；推动大型骨干企业，特别是产业链、供应链链主企业建立工匠学院，引导带动产业链、供应链上下游企业、中小微企业开展职工技能提升培训；发挥企业主体作用，鼓励国有企业特别是中央企业发挥人才资源优势，利用技工院校、培训中心、实训基地等，牵头建设适应企业发展需要和人才需求的特色工匠学院；支持非公有制企业，特别是中小型“专精特新”企业、制造业单项冠军企业，建设符合企业人才培养需求的专业化工匠学院；探索推进数字化工匠学院建设，鼓励结合数字技能人才培养工作，积极推进数字化应用特色工匠学院建设，培养复合型数字化技能人才；注重发挥劳模和工匠人才创新工作室、工会学校、公共实训基地、职业院校、技工院校、企业培训中心和实训基地等功能作用，推动共建共享，为广大职工群众提供理论和实操综合培训服务。

三是加强产业职工维权服务。要健全维权服务机制，完善产业行业协调劳动关系三方机制，与政府职能部门联席会议制度，与企业党政、行业协会工作互动机制等；发挥产业工会系统中的人大代表和政协工会界委员作用，参与涉及产业职工切身利益的法律法规和政策的制定，反映产业职工利益诉求；开展行业性集体协商，推动建立科学合理的产业（行业）劳动定额和标准，促进健全企业职工工资决定机制、正常增长机制和支付保障机制。要加强工会维权服务机制建设，做好源头参与工作，进一步加大工作力度，积极争取党委领导重视支持，加强与人大、政府、政协及各有关方面的沟通，推动有关方面在制定法律、政策、制度时充分考虑职工的利益诉求，从源头上维护职工群众合法权益，努力达到事半功倍的效果。要提高维权服务针对性实效性，结合不同行业职工的特点，针对不同行业职工利益诉求的差异，深入企业和基层一线，了解本产业本企业面临的突出问题和情况，密切关注本产业结构调整、化解产能过剩和淘汰落后产能、企业兼并重组对职工利益的影响，推动企业解决涉及职工利益问题，切实解决他们的急难愁盼问题。要用心用情做好产业职工服务工作，完善常态化送温暖机制，大力推广“劳动者港湾”建设经验做法，发挥职工服务中心（困难职工帮扶中心）、工会户外劳动者服务站点等载体作用，加强工会“互联网+”普惠性服务，擦亮送温暖、金秋助学、阳光就业、职工医疗互助、工会法律援助等工会工作品牌，从一点一滴做起，春风化雨、润物无声，努力建立健全高标准职工服务体系，不断丰富服务职工的内涵，把党和政府的关心关怀送到产业职工心坎上。

四是维护产业职工队伍和社会大局和谐稳定。要从产业工会职责和特点出发，贯彻落实《中共中央 国务院关于构建和谐劳动关系的意见》及其分工方案，推动构建和谐劳动关系，推动完善保障职工权益的劳动合同制度、集体合同制度、企业民主管理制度、劳动保障监察制度等制度机制，健全以职工代表大会为基本形式的企事业单位民主管理制度，切实抓好相关制度的落地落实。要进一步深化劳动关系和谐企业和工业园区创建活动，推动建立规范有序、公正合理、互利共赢、和谐稳定的劳动关系。要聚焦货车司机、网约车司机、快递员、外卖配送员等重点群体，把各产业、行业劳动关系的新动向、新特征和新问题摸清楚，有针对性地做好各种矛盾风险的排查化解。要从维护国家安全特别是政治安全的高度，充分认识维护产业职工队伍稳定的极端重要性，树立底线思维、强化忧患意识，全面贯彻总体国家安全观，勇于担当、敢于斗争，健全劳动关系风险监测、分析、预防和处置机制，持续开展劳动关系领域风险隐患的全面排查，及时发现苗头性倾向性问题，将风险隐患化解在基层一线、消除在萌芽状态，把“五个坚决”（坚决防止敌对势力借所谓“维权”插手煽动、渗透破坏，坚决防止所谓“独立工会”、“民间工会”的出现，坚决维护职工队伍和工会组织的团结统一，坚决维护企业和社会大局和谐稳定，坚决捍卫中国共产党领导和我国社会主义制度）落到实处，努力做到“五个不发生”（不发生政治性事件，不发生重大群体性事件，不发生重大安全生产方面的事故，不发生特种刑事案件和特种重大治安案件，不发生不实舆情炒作），不断巩固党长期执政的阶级基础和群众基础，确保党和国家长治久安。

五是加强产业工会组织体系建设。要坚持产业工会与地方工会相结合的组织领导原则，正确处理产业工会与地方工会关系，在工作上各司其职、相互支持配合，在涉及政策制定、重点工作、资源分配等方面加强交流协调合作，建立地方工会和上级产业工会之间的工作通报制度，对涉及产业工会工作的政策出台等重要事项，相互通报信息、沟通情况。要根据不同地区的经济特征、产业结构调整变化、产业经济和职工聚集程度，科学合理地设置产业工会。要加强对产业工会组织建设的分类指导，发挥产业工会全委会联合制、代表制组织制度优势，调整和优化产业工会委员单位组成，适当扩大非公有制企业、社会组织委员名额比例，增强代表性广泛性。要加强和完善产业工会与政府行业主管部门、行业协会、大型企业的协调联动机制，整合社会资源，探索建立健全体现产业工会联合制、代表制的有效工作机制。

第三节　健全产业工会工作组织体系

一、科学合理设置产业工会

产业工会组织应本着有利于加强党对工会工作的领导，有利于推动产业改革发展，有利于维护产业职工合法权益、服务产业职工的原则，着眼有效扩大工作覆盖面，从实际出发，根据不同区域的经济特征、产业结构调整变化、产业经济和职工集聚程度，灵活合理地设置产业工会，健全产业工会组织体系。对本地区经济结构中的主导产业、形成集群化发展的产业、职工队伍比较集中的产业建立健全产业工会；在节能环保、生物技术、信息技术、智能制造、高端装备、新能源等具备一定规模的新兴产业和现代服务业中，加大产业工会组建力度；对一时建立不起来的，建立有效的工作联系渠道，形成自上而下、工作贯通、覆盖不同所有制企事业单位和相关社会组织的产业工会组织体系。条件成熟的产业工会工作委员会应逐步过渡为产业工会委员会。在工会改革中，要科学设置、调整规范产业工会，不得随意撤销产业工会组织。

二、理顺产业工会组织领导关系

理顺产业工会与地方工会的关系。各产业工会的领导体制，由全国总工会确定。铁路、民航、金融行政管理体制实行垂直管理的产业，其产业工会实行产业工会和地方工会双重领导，以产业工会领导为主。其他产业工会均实行以地方工会领导为主，同时接受上级产业工会领导的体制。与上一级相关产业工会不易对应的，由性质相近的产业工会或由同级地方总工会明确一个职能部门负责联系和协调工作。属于工会统一要求和地区性问题，主要由地方工会负责，产业工会支持配合；属于产业特色的工作和特殊性问题，产业工会有条件、有优势做的，主要由产业工会来做，地方工会给予支持，避免职责交叉、工作重复。实行垂直领导的产业工会要加强与地方工会的联系与沟通，所属基层工会应当主动向所在地方工会报告工作，接受工作指导。产业工会在开展特色工作时，同级工会职能部门要提供具体指导、支持和服务。

理顺产业工会与中央企业、企业集团及其所属企业工会的关系。在京的中央企业工会，按照行业分类，原则上由相应的全国产业工会领导。京外的中央企业工会和地方企业集团所属基层工会，按照属地管理原则，一般接受所在地地方工会领导。其所在地建立相应产业工会的，工作接受所在地产业工会指导，不改变企业工会组织关系和经费管理体制。

理顺产业工会与机关所属企事业单位工会的关系。党委、政府等机关所属企事业单位的工会，按照属地管理原则，一般由地方工会或相关产业工会领导。机关工会原则上不代行产业工会职责。

三、推动新业态企业和新就业形态劳动者入会

新就业形态劳动者在我国经济社会发展中发挥着不可或缺的重要作用，维护好这一群体的权益是促进平台经济长期健康发展的必然要求，是工会履行好维权服务基本职责的必然要求。2021 年 7 月全国总工会印发《关于推进新就业形态劳动者入会工作的若干意见（试行）》，这是继全国总工会制定《关于切实维护新就业形态劳动者劳动保障权益的意见》、启动“新就业形态劳动者入会集中行动”后，针对新就业形态劳动者建会入会和维权服务工作作出的又一项重要部署。

吸引新就业形态劳动者入会也是推动工会组织向新兴领域新兴群体延伸的迫切要求。随着新产业新业态新模式蓬勃兴起，企业组织形式和劳动者就业方式发生深刻变化，主要依托互联网平台就业的货车司机、网约车司机、快递员、外卖配送员等新就业形态劳动者大幅增加，已经成为我国劳动力大军的重要组成部分。由于平台企业用工形式复杂，新就业形态劳动者分布广泛、就业灵活、流动性强，不同于传统用工形式和就业方式，按照工会现行规定与已有建会入会模式难以有效覆盖，在

“怎么入”、“入到哪”、“怎么保障”等关键性问题上迫切需要作出新的规定。对此，全国总工会高度重视，多次召开专题会议等进行研究、提出要求，将新就业形态劳动者权益保障和建会入会作为当前工作重点，专门成立推进新就业形态劳动者工会工作领导小组，通过召开汇报会、研商会，与相关部委沟通协调，深入基层摸清情况，强化顶层设计，集中攻关头部企业，加大投入配强力量等步骤，全力以赴、扎实推进。

推动新业态企业和从业人员入会，需要夯实新就业形态劳动者入会组织基础，明确新就业形态劳动者入会路径，创新新就业形态劳动者入会及管理方式，深化维权服务吸引新就业形态劳动者入会，强化新就业形态劳动者入会工作经费保障，以及加强组织领导。《关于推进新就业形态劳动者入会工作的若干意见（试行）》提出，探索构建纵横交织的工会组织体系：推动平台企业及关联企业建会；采用行业工会覆盖，推进行业工会联合会建设，将其作为发展新就业形态劳动者入会和管理服务的重要载体；以“小三级”工会组织作为“兜底”，对应党建片区、社会治理网格、园区、商圈、楼宇等，建立相应的区域工会，推行工会网格化模式，实现有效覆盖。

新就业形态劳动者有三种入会路径：对于与用人单位建立劳动关系或符合确定劳动关系情形的新就业形态劳动者，应加入用人单位工会，用人单位没有成立工会的，可加入用人单位所在地的乡镇（街道）、开发区（工业园区）、村（社区）工会或区域性行业性工会联合会、联合工会等；不完全符合确立劳动关系情形及个人依托平台自主开展经营活动等的新就业形态劳动者，可以加入工作或居住地的乡镇（街道）、开发区（工业园区）、村（社区）工会或区域性行业性工会联合会、联合工会等，并鼓励平台企业、挂靠企业工会等吸纳新就业形态劳动者入会；以劳务派遣形式就业的新就业形态劳动者加入工会，依照《中华全国总工会关于组织劳务派遣工加入工会的规定》执行，用人单位、用工单位均没有成立工会的，可加入用人或用工单位所在地的乡镇（街道）、开发区（工业园区）、村（社区）工会或区域性行业性工会联合会、联合工会等。

产业工会要优化入会流程，探索推行集体登记入会、流动窗口入会、职工沟通会现场入会等方式，举行集中入会仪式等做法，增强会员意识，扩大工会影响。结合智慧工会建设，加快推进网上入会试点步伐，逐步健全支持网上便捷入会的数据系统和服务平台，有条件的地方，可以试行网上入会全流程操作。探索依托平台企业开展宣传引导、网上入会和维权服务。新就业形态劳动者会员劳动（工作）关系在哪里，会籍就在哪里。推动新业态从业人员入会时，应实行一次入会、动态接转，加强流动会员管理，畅通组织关系接转渠道；探索基层工会联合会直接发展会员方式；及时将新就业形态劳动者会员纳入基层工会组织和工会会员数据库实名动态管理，逐步打通网上接转会员组织关系通道。

产业工会要通过深化维权服务吸引新就业形态劳动者入会。特别是坚持服务先行，打造线上线下有机融合的服务新就业形态劳动者工作体系。包括争取社会力量支持参与，探索面向货车司机等重点群体的关爱基金和意外伤害险等服务项目，开展以满足新就业形态劳动者需求为导向的服务活动；规范和做好工会户外劳动者服务站点相关工作，推动“司机之家”建设和“会、站、家”一体化建设，有效凝聚新就业形态劳动者等。同时，要探索平台企业实行民主管理的方式方法，注重发挥产业、行业工会作用，引导平台企业和劳动者在劳动报酬、奖惩办法、工作时间、劳动定额等方面进行协商，为劳动者搭建理性有序表达合理利益诉求的渠道，保障劳动者对涉及切身利益重要事项的知情权、参与权、表达权，加强对平台企业执行劳动法律法规的有效监督。要强化经费保障、加强组织领导，逐步建立健全经费保障机制，推行新就业形态劳动者入会项目制，并争取财政资金和社会力量投入；建立健全工作推进机制，深入开展入会集中行动，推动将新就业形态劳动者入会纳入党建工作考核体系；加强分类指导，加强考核督查，并广泛开展新就业形态劳动者入会服务集中宣传活动等。吸引新就业形态劳动者入会，是对产业工会组织和服务对象新的拓展，产业工会要重点抓好货车司机、网约车司机、快递员、外卖配送员等以平台就业为主、具有典型代表性群体的入会和维权服务工作，当好新就业形态劳动者的“娘家人”、“贴心人”。

在推进新业态企业从业人员入会的实践中，产业工会发挥着不可替代的作用。2020 年 6 月，中国海员建设工会完成首批河北、辽宁、吉林、江苏、浙江、广东、山东、河南、贵州 9 省 76 个“司机之家”建设试点单位经费下拨工作。2021 年指导重庆网约车企业和从业人员集中建会入会行动，并申报全国产业工会直接服务八大群体入会工作项目。2022 年，联合中国职工发展基金会向全国总工会书记处申请成立货车司机职业发展与保障专项基金，利用中国职工发展基金会公益平台的社会化和放大效应，扩大对货车司机的服务覆盖，与中国职工发展基金会研究并制定货车司机职业发展与保障专项基金使用办法；征集道路货运行业和网约车行业基层工会组织建设案例，形成汇编并在行业发放推广；配合推动新就业形态劳动者入会服务相关文件落地落实，加大头部平台企业工作力度，持续推进平台企业建会工作向基层延伸，指导各地强化道路货运行业和网约车行业建会入会工作；加强与有关部门、行业协会、平台企业的沟通，持续关注高油价背景下货车司机和出租汽车司机群体经营状况和队伍稳定情况。

中国财贸轻纺烟草工会在推进新就业形态劳动者入会方面

多措并举取得实效：一是积极推进平台企业建会工作。密切与平台企业工作联系，加大政策宣传力度，扎实推进平台企业及其关联企业建会。美团（上海）总部、美团（北京）总部先后建会，饿了么已在18个省（区、市）启动外卖配送员建会入会工作。二是加强工作指导。为新就业形态劳动者建会入会专题网络培训班录制《外卖配送员权益保障状况及维权服务路径分析》课程，为各地工会做好外卖配送员维权服务和建会入会工作提供指导。对山东、河北等地产业工会开展外卖配送行业建会入会、建立集体协商机制等进行指导规范，推动涉及新就业形态劳动者权益保障的各项政策制度落地落实。在权益保障方面，中国财贸轻纺烟草工会主动开展调查研究，将外卖配送员建会入会和维权服务作为专题调研课题，先后对北京、上海、湖北、河北、河南、青海等地的做法进行梳理总结，形成调研报告，起草题为《关于铺设智能取餐柜改善外卖配送员工作条件》的两会提案，努力在促进行业健康发展、维护职工权益上发出产业工会的声音。

第四节　完善产业工会制度

制度机制建设是产业工会工作有序运行的重要保障。近年来，产业工会不断扩大源头参与渠道，推动形成产业联席（联系）会议制度、产业协调劳动关系三方机制，发挥产业工会系统中的人大代表和政协工会界委员作用，积极主动参与制定涉及产业职工利益的法规政策，这些制度机制被实践证明是行之有效的，并发挥了积极作用。新形势下，针对党对产业工会的新部署、新要求，立足产业工会工作的多样性、复杂性、特殊性，需要进一步建立健全产业工会工作制度机制。

一、完善产业联席（联系）会议制度

完善产业工会与对应产业管理部门、行业协会的联席（联系）会议制度。通过联席（联系）会议制度，相互通报各自的工作情况、工作部署，了解产业的改革发展政策；对涉及职工切身利益的全局性、政策性重大问题，提出产业工会的意见和主张，共同推动和参与制定涉及本产业改革发展的法规政策，共同研究产业改革发展中遇到的突出问题和职工群众关心的热点、难点问题，提出解决的办法；与政府有关部门、行业协会等联合开展具有本产业特色的重点工作和活动，从而维护产业职工合法权益，促进产业的改革和发展，维护改革发展稳定的大局。联席（联系）会议制度要坚持党的领导，服从服务于党和国家工作大局，相互尊重、相互支持，突出重点、讲究实效。产业工会要在建立联席（联系）会议制度的过程中，充分发挥产业工会联系职工比较广泛、反映职工群众意见渠道比较畅通的特点和优势，进一步完善源头参与的途径和办法，深化调查研究和源头参与工作，推动党的全心全意依靠工人阶级根本指导方针的贯彻落实，努力促进产业的科学发展和劳动关系的和谐稳定。

二、完善协调劳动关系机制

随着我国经济体制改革的深化，产业结构的调整和升级，职工群众的利益诉求出现产业性、行业性特征，客观上要求产业工会有效地参与协调劳动关系。劳动关系三方协商机制，是市场经济国家为促进劳动关系协调发展而普遍采取的方式。建立与产业主管部门或劳动行政部门、产业（行业）协会间的劳动关系三方协商制度，定期召开三方会议，协助有关部门推动问题的解决，是产业工会的重要工作内容。要推动建立健全产业协调劳动关系三方机制，对于涉及产业、行业职工权益实现的普遍性问题、产业劳动关系存在的突出矛盾，通过协商、协调、沟通的办法推动解决问题；加强行业集体协商特别是行业工资集体协商制度建设，开展对行业劳动定额、行业劳动标准、行业人工成本、行业工资指导价位等方面问题的研究，推动相关部门及时发布具有行业指导意义的参考标准；推动建立劳动关系预警、重大突发性事件报告、劳动关系矛盾调处机制，维护产业职工合法权益，促进产业劳动关系和谐稳定。

三、完善工作议事制度

研究制定本产业工会主席办公会决策议事规则、常务委员会议事规则、委员会全体会议议事规则；明确产业工会兼(挂)职副主席和干部的职责任务、选派程序、日常管理、考核评价等办法。

四、完善联系基层和产业职工制度

建立健全产业工会组织运行机制，完善联合制、代表制的委员会、常委会等工作制度，优化委员结构、增强代表性，不仅要提高劳模和一线职工比例，增设兼职副主席，还要注重把那些新兴产业、有代表性的非公有制企业的工会负责人吸纳进来，建立完善代表委员参与决策、发挥作用的机制。着眼持续改进作风的要求，建立完善产业工会直接联系产业职工和基层联系点制度，坚持深入产业一线，倾听产业职工呼声，反映产业职工诉求，切实帮助本产业职工解决困难和问题；健全产业工会工作沟通机制，特别是要与基层建立便捷的联系渠道，为基层提供及时有效的指导服务，让产业职工真正感受到产业工会是“职工之家”，产业工会干部是最可信赖的“娘家人”。

五、完善工作汇报制度

建立向同级工会和上级产业工会报告工作制度，做到日常工作定期汇报，重点工作和重要信息及时汇报，保证工作动态及时上传。

第五节　创新工作方法和活动方式

根据形势任务变化，坚持在继承中发展创新，不断改进服务职工、指导基层的工作方法和活动方式。

一、改进服务方式

当今信息化技术高速发展，传统的工会工作模式已经远远不能满足当前的职工需求，构建服务产业职工体系，扩大服务对象、增强服务产业职工的针对性和实效性，必须创新服务职工的方式。如中国海员建设工会联合交通运输部启动“司机之家”建设工作，为货车司机提供舒适便捷、经济实惠的休息场所，让货车司机在行驶途中“喝口热水、吃口热饭、洗个热水澡、睡个安稳觉”。让广大货车司机停车休整的同时，认识工会、了解工会、信任工会，提升入会意愿，扩大入会途径。截至 2022 年 1 月，全国验收合格、投入运营的“司机之家”共计 848 家，已覆盖全国 30 个省、自治区、直辖市，由点及面的服务网络正逐步构建。随着工作持续推进，“司机之家”品牌效应日益显现，已逐渐成为工会组织团结引领货车司机的重要服务阵地。中国交通运输协会、中国道路运输协会、中国物流与采购联合会、中国职工发展基金会，于 2021 年共同发起了“货车司机职业发展与保障行动”，全年保障行动共覆盖货车司机超过 100 万人，直接服务货车司机 14 万人，充分展现了工会组织关爱服务货车司机的作为，加深了货车司机对工会组织的信任，提升了货车司机加入工会的意愿，推动了道路货运行业健康稳定发展。

面向广大产业职工开展普惠性服务。按照全国总工会“会、站、家”一体化建设的工作思路，把推进普惠性服务和组建工会，与建设职工服务（帮扶）中心（站）、职工之家有机结合，将服务重点从服务劳模和困难职工，向惠及职工会员扩展。围绕职工最关心、最期盼、最现实的需求，结合工会自身职能，整合各方资源，使普惠服务平台搭载包括宣传教育、素质提升、法律维权、帮扶就业、生活服务等多元化、专业化、社会化的服务项目。切实了解和掌握职工会员多层次、多样化的需求，通过项目招聘、购买服务等多种方式，因地制宜提供职工会员感兴趣、受欢迎的服务项目，增强普惠性服务项目的针对性、实效性。如中国金融工会不断推动金融系统共建户外劳动者服务站点。据不完全统计，截至 2021 年 12 月底，金融工会助推金融系统共建户外劳动者服务站点达 4.2 万余个，其中中国建设银行的“劳动者港湾”达 1.42 万个，累计服务人数超 2 亿人次；中国工商银行的“工行驿站”达 1.55 万个，累计服务人数超 4 亿人次。如财贸轻纺烟草工会开展女性外卖配送员特殊关爱活动，联合全国总工会女职工部、中国职工保险互助会，为北京、安徽、重庆等地 1000 名女性外卖配送员赠送“两癌”筛查服务；积极开展“工会进万家 · 新就业形态劳动者温暖行动”服务月活动，指导饿了么、美团分别落实 20 万元服务月送温暖资金，将慰问资金向外卖配送员中的生活困难、参与抗疫、劳模、残障等群体倾斜，覆盖职工 251 人，并动员企业配套关爱物资。

探索运用社会化方式为基层提供项目化、专业化、订单式的服务。坚持统一性服务和差异化服务相结合，充实服务内容，改进服务方式，满足不同职工群体的多样化需求。按职工的“生物钟”开展工作，开启“错峰服务”模式，在直接服务职工的工会工作站（点）实行错时上下班制度，把工会组织的服务延伸到8小时之外。制定工会服务职工工作项目清单，明确服务内容和服务标准，为职工提供精准化服务。探索通过服务外包、项目外包方式，引入社会力量，为职工提供专业化、高水平服务。建立工会服务职工满意度评价机制，通过对服务对象定期走访、发放征求意见表、进行无记名投票等多种方式，听取意见建议，回应职工诉求，提高服务水平。如中国金融工会，与中国职工发展基金会等社会资源合作，探索站点“金融+公益”项目新模式，项目覆盖范围不仅包括金融职工，也包括广大户外劳动者特别是快递员、外卖配送员、网约车司机等新就业形态劳动者。又如财贸轻纺烟草工会联合中国职工发展基金会、阿里本地生活等，举办“户外劳动者秋季特别关爱计划启动暨一平米温暖户外劳动者服务站点”授牌仪式，示范带动更多的商家参与站点建设，主动关爱劳动者，积极承担社会责任。还协调社会资源帮外卖配送员建设充换电、智能送餐柜等设备设施，依托“工会就业服务号”微信小程序，为外卖配送员举办线上专场招聘活动。

二、加强工作指导

各级工会要高度重视、加强领导，积极赋予产业工会改革内容，指导和鼓励产业工会从自身出发推进改革。要形成主要领导亲自抓、分管领导具体抓、职能部门共同抓、一级抓一级、层层抓落实的工作格局。大力推进“六有”工会建设，不断提高产业工会工作规范化水平，切实发挥产业工会作用。建立职工群众评议工会干部、评价工会工作和下级工会评价上级工会制度，加强工作考核和督促检查，提高工会工作的执行力。

注重分类指导。不同地区、不同行业的产业工会在企业规模、组织形式、职工队伍、工作基础等方面存在差异，要坚持从实际出发，因地制宜、因企制宜、分类施策，实施精准化、差异化指导和服务，有针对性地提出具体举措。运用法治思维和法治方式，依法建会、依法管会、依法履职、依法维权，不断提升产业工会法治化水平。尊重基层产业工会首创精神，注重培育具有时代特色和产业特征的先进典型，着力在加强产业工人队伍建设改革、推进行业工会联合会建设、开展行业集体协商、制定行业劳动标准等方面挖掘推出鲜活经验并不断完善，发挥示范引领作用。

改进工作作风。把加强产业工会工作与改进工会干部工作作风结合起来，不断加强产业工会党的建设，把产业工会组织建设得更加充满活力、更加坚强有力。坚持把党的群众路线作为产业工会的生命线和根本工作路线，不忘初心、牢记使命，自觉抵制和纠正“四风”，防止和克服“四化”等脱离群众的问题。建立健全联系服务职工长效机制，把工作重心放在最广大普通职工身上，经常同职工面对面、手拉手、心贴心地零距离接触，掌握第一手材料，解决职工急需解决的问题，以热情、热忱的服务打动人心、温暖人心、影响人心、赢得人心，把广大职工始终团结在党的周围。

突出产业特色。广泛深入持久开展劳动和技能竞赛，开展“建功‘十四五’、奋进新征程”主题劳动和技能竞赛。充分激发职工创新潜能和创造活力，团结带领广大职工积极投身经济建设主战场，在国家战略中发挥工人阶级主力军作用，在推进中国制造向中国创造转变、中国速度向中国质量转变、制造大国向制造强国转变的进程中展现新时代产业工人主力军风采。深化全国引领性劳动和技能竞赛，开展群众性创新活动；构建三级职工职业技能竞赛体系；探索在数字领域开展职业技能竞赛，开展新就业形态劳动者劳动和技能竞赛试点。把产业工会业务工作骨干、专兼职工会干部等组织起来，在组建行业工会联合会、开展行业工资集体协商、协调行业和企业劳动关系、开展行业劳动和技能竞赛等方面，提供工作指导、政策咨询、人员培训。

三、构建网上工作平台

党和国家高度重视互联网工作，习近平总书记在不同场合多次强调，要贯彻以人民为中心的发展思想，推动我国网信事业发展，建设网络强国，让互联网更好造福人民；党的群团组织要下大气力开展网上工作，让群众能在网上找到自己的组织、参加组织的活动。《中共中央关于加强和改进党的群团工作的意见》中，明确提出要“打造网上网下相互促进、有机融合的群团工作新格局”。

近年来，各级工会积极推进智慧工会建设，大力开展网络安全和信息化工作，网上工作组织体系逐步健全，网络宣传阵地初步建立，网上服务职工平台初具规模，运用信息技术支撑工作的能力日益增强，网络安全和信息化建设取得了初步成效，有力推动了工会工作创新发展。网上工作统筹规划不断加强、网上思想政治引领持续强化、网上平台建设实效逐渐显现、信息基础设施建设稳步推进。“十四五”时期是我国全面建成小康社会、实现第一个百年奋斗目标之后，乘势而上开启全面建设社会主义现代化国家新征程、向第二个百年奋斗目标进军的第一个五年。同时，云计算、大数据、区块链、人工智能、虚拟现实等新一代信息技术快速演进，网络化连接、数据化驱动、融合化发展将持续催生管理新手段、服务新模式，为新时代工会工作创新发展提供了新思路新机遇新挑战。

产业工会要深入学习贯彻习近平总书记关于工人阶级和工

会工作的重要论述、关于网络安全和信息化工作的重要论述，紧紧围绕党和国家工作大局及工会中心工作，充分发挥工会组织在推进国家治理体系和治理能力现代化中的积极作用，坚持高标准、集大成，围绕思想政治引领、建功立业、维权服务、改革创新等方面工作，以服务职工、服务基层工会组织为主线，以职工实名制精准服务为抓手，以推动建设逻辑统一、覆盖全国的大数据系统和服务平台为着力点，以数据集中和共享为途径，强化创新意识，注重长效机制，加快推进智慧工会建设，打通联系服务职工群众“最后一公里”，提升工会治理能力和服务水平，推动工会工作高质量发展，为开创中国工运事业和工会工作新局面提供有力支撑。

要在坚持加强党的全面领导、坚持服务职工服务基层、坚持问题导向目标导向、坚持系统谋划各方协同、坚持开放共享安全可靠的基本原则指引下，以数字驱动为核心引领，深入推进工会治理数字化、服务智能化协同发展，构建“大数据+”工会治理能力提升体系、“互联网+”工会服务应用创新体系、“云计算+”工会网信基础支撑体系，形成“一个引领、两化协同、三大体系”的发展格局，建设全国工会逻辑统一的大数据系统和服务平台，实现全国智慧工会建设“一张网”。力争到2025年，工会网络安全和信息化示范带动作用显著增强，数字引领工会工作高质量发展取得显著成效，工会工作科学化、精细化、智能化水平显著提升。数字化治理水平更现代。建成工会智能数字“云脑”平台，打造基于区块链技术的会员数字身份账户系统，建成标准统一的工会基础数据库，实现工会数据资源的共享整合，聚焦数据和应用，向各级工会赋能，为加强工会精准服务、业务协同、宏观决策提供技术和数据支撑。网上服务职工更精准。建成逻辑统一的全国工会服务平台，围绕就业服务、技能提升、法律服务、帮扶服务等重点网上服务应用，聚焦新就业形态劳动者权益保障，推进工会职工服务与政府政务服务、企业市场服务的有机结合，实现工会网上服务的常态化、普惠化、精准化，促进服务资源系统化配置、服务效能集约化输出。工会协同办公更便捷。建成全国工会业务管理与网上协同办公平台，实现全国总工会本级重点业务应用整合，拓展延伸工会业务链条，实现全国工会系统跨层级、跨地域、跨产业、跨工作部门的网上工作协同。信息基础设施更先进。全面提升工会基础设施支撑能力，基本建成全量汇聚、科学集约、运行高效的信息基础设施。建成“工会云”、运维平台及灾备系统，夯实工会信息基础设施支撑能力。数据资源应用更有效。有序归集各级工会数据资源，编制工会系统数据标准和利用规范，实现与国家基础数据库的资源共享和标准衔接。全面提升工会数据资源开放共享水平，形成工会特色数据创新应用场景。网络和数据安全保障更有力。落实国家网络安全相关制度，促进国产密码技术应用，建设网络安全态势感知平台，构建多层次、体系化、常态化的网络安全保障体系，强化工会业务重要数据和会员个人信息保护，实现工会系统网络安全整体防御的能力提升。形成产业工会运用智慧工会工作新格局，更好服务于产业职工群众。

四、善于借势借力

产业工会具有熟悉产业情况、联系职工密切、服务经济建设作用直接的优势，在团结动员广大产业职工促进产业改革发展中具有独特的作用。与地方工会相比，产业工会在开展劳动和技能竞赛、提高产业工人队伍素质、推进行业集体协商、加强职业安全卫生等方面具有专业优势。与基层工会相比，产业工会在源头参与、信息沟通、协调劳动关系、开展对外交往等方面具有整体优势。

做好产业工会工作，要广泛吸引产业职工群众和基层力量、相关社会组织、志愿者广泛参与产业工会工作，激发自身活力，不断壮大产业工会工作的组织基础和社会基础。要紧密结合产业特点，围绕产业改革发展和工会重点任务开展工作，及时向同级地方工会汇报产业工会工作情况、反映产业职工诉求。产业工会的主管地方工会要加强对产业工会的工作指导，及时为产业工会提供政策支持，共同做好对基层工会的指导服务。

进一步明确产业工会和地方工会的职责分工。属于工会统一要求和地区性问题，主要由地方工会负责，产业工会支持配合；属于产业特色的工作和特殊性问题，产业工会有条件、有优势做的，主要由产业工会来做，地方工会给予支持；有些则可以由产业工会和地方工会一起做，把两方面优势都充分发挥出来。两者协调配合、相互支持，发挥优势、体现作为，坚持有所为有所不为，做到产业工会与地方工会优势互补，形成工作合力。

第六节　推进产业工人队伍建设改革与维护服务新就业形态劳动者典型经验

一、中国中车：筑匠心、提匠能、强匠造，打造为“中国梦”提速的世界一流高铁团队

党的十八大以来，习近平总书记三次视察中国中车，勉励中车“要继续练好内功，继续自主创新，继续领先领跑，永远掌握主动权，带动装备制造业形成比学赶帮超的局面”。

中国中车深刻领会习近平总书记重要指示精神，深入贯彻习近平总书记的谆谆教诲，在国家部委的正确领导和全力支持下，开展了科技自立自强的生动实践，取得了从“中国制造”

到“中国创造”的新进步，已成为全球规模领先、品种齐全、技术一流的轨道交通装备企业，是我国轨道交通装备行业唯一一家产业化集团，研制的以“复兴号”动车组为代表的系列化轨道交通装备产品，是“新时代一张亮丽的国家名片”。在这张亮丽名片塑造过程中，中国中车也培育了一支怀揣强国梦想、勇担大国重器的中国高铁工人团队。

（一）传承红色基因，构筑匠心底蕴，着力打造理想信念坚定的高铁工人队伍

中车拥有一百四十多年的创业历史。这里产生了中国最早的产业工人队伍，成为早期工人运动的策源地，中车所属企业诞生了多个所在地的第一名共产党员、第一个党支部、第一个工会组织，涌现出了王荷波、邓培、孙云鹏、林祥谦等中国共产党早期领导人和工人运动领袖。中车由此成为播撒革命火种的重要阵地，铸就了具有独特红色基因的产业工人队伍。中国中车始终坚持传承红色基因，赓续红色血脉，推动红色文化和工匠精神深度融合，深入实施“新时代高铁先锋工程”，引导广大产业工人听党话、感党恩、跟党走，不断锤炼政治品格，勇于担当国家战略，持续练就过硬本领，构筑“敬业、精业、创新”的匠心底蕴，形成了“产业报国，勇于创新，为中国梦提速”的高铁工人精神。

在中车产生的党的十九大、二十大代表和十三届全国人大代表中，高铁工匠占比分别为50%、67%和60%，他们中有省市级党代表、人大代表、政协委员35人。2020年的12位全国劳模中高铁工匠有10人，中车享受国务院政府特殊津贴的190人中有高铁工匠78人，现任省、市总工会兼职副主席的高铁工匠7人。近年来，中车涌现出了“感动中国人物”李万君、国家科技进步二等奖获得者罗昭强、“全国道德模范”宁允展、张雪松和“中国最美职工”易冉等一大批榜样人物。

（二）完善工作体系，丰富匠能内涵，着力打造勇于创新超越的高铁工人队伍

习近平总书记在2020年全国劳动模范和先进工作者表彰大会上的讲话中，明确定义工匠精神的内涵在于“执着专注、精益求精、一丝不苟、追求卓越”。中车不断深化产业工人队伍建设改革，依托“5+5”职业发展平台（第一个5是国家职业技能等级：初级工→中级工→高级工→技师→高级技师，第二个5是中车技能专家序列：企业技能专家→中车技能专家→中车资深技能专家→中车首席技能专家→中华技能大奖，2022年计划再增加开展特级技师评聘工作），锚定世界技能大赛标准，优化技能培训体系，广泛开展职业技能竞赛、岗位练兵、技术技能展示等活动，搭建了集团、企业、车间三级教学练比职业技能提升体系。持续开展以高技能人才命名的先进操作法推广，扩大绝技绝活应用范围。逐步建立技能人才分类培养评价机制，技术型技能人才突出解决关键难题能力、知识型技能人才突出理论指导实践能力、复合型技能人才突出多技能多工种能力。

五年一次的中车科技创新大会上集中表彰200名优秀青年技能人才，每人奖励1万元。运用“团队+项目+人才”模式，健全产业工人创新成果申报评审机制，开展知识产权咨询服务，组织技术工人专利申报培训，推荐符合条件的优秀创新项目参评省部级、国家级科技进步奖。将产业工人创新工作通过职代会纳入集体合同，形成重视创新、引导创新、鼓励创新、尊重创新的良好氛围。集团设置“技能人才创新成果序列”，保证每年创新成果在各级评选中占相应比例，在中车年度科技创新奖项实现了各级奖项全覆盖。2018年，长客股份高级技师罗昭强创新项目获得国家科学技术进步二等奖，近三年，每年均获得全国技术工人创新成果奖。

（三）强化协同共进，共铸匠造品牌，着力打造充满激情活力的高铁工人队伍

产业工人队伍是支撑中国制造、中国创造的重要力量。中车始终坚持“高端育高才”、“先进领先进”、“工匠育工匠”的培养模式，致力打造大国匠造品牌“领头雁”，全方位多角度搭平台、促交流，让创新才智充分涌流。建立健全劳动和技能竞赛体系、群众性经济技术创新体系，修订、制订了《劳动竞赛指导意见》、《技能人才队伍建设指导意见》、《练兵比武活动指导意见》、《群众性经济技术创新指导意见》等十余项制度，明确要求所属制造类企业培训经费60%以上须用于产业工人技能提升。抓好群众性创新活动选题、立项、攻关、评审、应用五个关键环节，形成创新工作良性运转机制。

持续深化产教融合，不断挖潜高铁工人的师、匠双重技能，创建高铁工匠学院、开设高铁工匠讲堂、完善国际化高端技能人才培训平台，促进产业工人队伍职业化、专业化、国际化，累计培养“大国工匠年度人物”2人、“大国工匠”7人，“中华技能大奖”9人，全国技术能手133人，铁路劳模和工匠人才12人、省级工匠68人、高铁工匠116人、市级工匠180人。建成涵盖11个全国示范性劳模创新工作室、34个国家级技能大师工作室、68个省部级技能大师工作室在内的多层次、多工种、多岗位人才协同共进培养平台。

（四）厚植工匠文化，铸就大国重器，着力打造强国复兴有我的高铁工人队伍

中车把工匠精神、工匠文化作为适应科技革命和产业变革需要，作为制造强国的重要力量源泉，用文化铸匠魂立匠德，用品格守初心担使命。“万根接线无差错”、“千米焊缝无缺陷”、“环口焊接七步法”是中车产业工人的制造品牌和职业追求。他们始终专注品格、品质、品牌，以“至拙”的干劲，打造“至

巧”的产品，用工匠精神诠释“连接世界、造福人类”的中车使命，彰显了中国高铁工人的强大力量，形成了具有央企示范效应的高技能人才培养体系，有力支撑了世界一流企业建设。

2021年末，在中国中车16.7万正式员工中，技术工人为7.7万人，其中，高级技师0.43万人、占比5.58%，技师1.05万人、占比13.63%，高级工3.77万人、占比48.96%，三者合计占比达到68.17%。以“高级技师+高级工程师+高级讲师”为目标的“三师型”领军技能人才队伍建设取得明显突破，高级技师队伍中有正高级工程师6名、高级工程师113名、中初级技术职称1171名。26名高级技师在65所高校、职业院校任兼职教授、辅导员，118名各级工匠在中车所属职业技术学院任兼职高级讲师。

从普通铁路到高速铁路，从“和谐号”创造世界铁路运营试验最高速，到“复兴号”树立世界高铁运营速度新标杆，近4000列动车组奔驰在祖国广袤的大地上。习近平总书记点赞，“复兴号高速列车迈出从追赶到领跑的关键一步”，“我国自主创新的一个成功范例就是高铁”。

建功新时代，奋进新征程。中国中车将深入学习贯彻习近平总书记致首届大国工匠创新交流大会贺信精神，筑匠心、提匠能、强匠造，打造为“中国梦”提速的世界一流高铁团队，传承工匠精神，厚植工匠文化，以专注和钻研、执着和坚守，勇当强国复兴伟业的“先锋队”、“火车头”。

二、中国民航工会：以职工职业技能竞赛为抓手，突出行业特色，助力产业工人队伍建设改革

开展技能竞赛是加强产业工人队伍建设改革的重要抓手。2005年以来，民航工会围绕中心、服务大局，示范举办了机务、乘务、空警、安检等涉及航空公司、机场、空管21个民航

关键岗位的36项全行业技能大赛，带动民航各级工会广泛开展岗位练兵、技能比武，参与职工200余万人次。开展职工技能竞赛在全民航已形成风气，成为民航工会工作的品牌。

（一）竞赛特点

1. 比较成熟的职工技能竞赛管理制度得以构建。民航工会注重竞赛顶层设计，通过总结多年的竞赛经验，提炼形成了《民航行业职工职业技能竞赛管理办法》、《民航行业职工职业技能竞赛激励机制》。两项制度从组织管理、层级分类、岗位工种、内容要求、经费筹集、比赛申报、表彰奖励等方面对技能竞赛作出明确规定，形成了一个比较完善的闭环管理规范。实践证明，两项制度为推动技能竞赛在全民航广泛开展提供了有力保障。

2. 党政支持、多部门参与的组织格局基本形成。民航工会及民航各级工会谋划开展技能竞赛，注重围绕中心、服务大局，瞄准企业安全生产需要、对标企业战略发展目标，设定竞赛方向、提出竞赛要求、设计竞赛内容，96%的工种竞赛直接对接安全、生产领域，为安全运行、企业发展夯实基础。竞赛工作得到了民航局党组、行业各单位党政领导的认同与支持。目前，民航已经形成党政支持、工会主导、部门配合、职工参与的“大比武、大练兵”工会工作格局。

3. 参赛职工和竞赛工种的覆盖面不断扩展。民航工会把全员参赛、多工种岗位参赛作为竞赛工作基本要求，积极引导推动技能竞赛覆盖面不断拓展。竞赛工种由最初的18个、26个到现在按照“成熟一个，推出一个”的原则，更好地匹配行业的发展实际。注重将竞赛思路从精英选拔向普遍练兵提升技能转变，决赛选手的产生鼓励采取“比赛选拔+随机抽调”的形式，将竞赛推向基层一线，力求覆盖每一位职工。

4. 民航职工职业发展通道得以拓展。技能竞赛促进了参赛职工个体以及职工整体业务技能提升，同时也为职工职业发展打开了通道。2005 年以来，通过竞赛，41 人获得全国技术能手、111 人获得全国民航技术能手、225 人获得全国民航金牌员工，一大批优秀的技能人才脱颖而出。在民航工会引领带动下，各单位采取提高工资待遇、晋升职业资格、授予技术能手、评选先进、劳务工转制正式工、外来工入户、选派赴国内知名大学培训或出国学习交流、纳入后备干部培养、优先提拔、晋升到管理岗位等激励举措，推动技能价值得以体现，畅通了职工职业发展通路。

（二）竞赛成效

1. 弘扬了劳模精神、劳动精神、工匠精神。积极从技能竞赛涌现出的先进职工中培育先进典型，进一步彰显竞赛的激励和示范效应。2005 年以来，通过竞赛，3 人获得“全国劳动模范”，15 人获得“全国五一劳动奖章”，25 人获得“民航五一劳动奖章”，4 名党员选手当选党的十八大、十九大代表。大力宣传营造氛围，利用民航系统、工会系统融媒体宣传平台进行线上线下全方位、多角度的宣传报道，讲好竞赛故事、劳模故事、工匠故事，在全民航营造了劳动光荣、技能宝贵的浓厚氛围。同时推动各单位充分发挥选手技能特长，为竞赛优胜选手建立劳模和工匠人才创新工作室，对技术难题合力攻坚、献计献策，为民航科技创新添砖加瓦。

2. 推动了产业工人队伍建设改革。竞赛营造了浓厚的比学赶超氛围，激励广大职工提升技术技能水平。许多单位每一届大赛后，都有一批年纪轻但成绩优秀、技能水平高的一线员工走上管理岗位。广大职工感到学技术很光荣，当技工有出路，在民航工作有奔头，从而大大激发了职工学习技能、岗位成才的积极性和主动性，释放创新创造活力，为建设一支“知识型、技能型、创新型”民航职工队伍奠定了良好基础。

3. 助力了民航高质量发展。竞赛贯彻落实习近平总书记关于民航工作的系列重要指示批示精神，聚焦推动民航高质量发展。认真落实民航强国建设目标任务，把民航技能竞赛落脚在保障飞行安全、航班正常、提升服务质量上，引领广大职工以主人翁姿态投身民航改革发展，激发了广大职工的创业热情和创造潜力，为促进民航强国建设提供了强劲动力。

中国民航工会将深入贯彻落实全国总工会广泛深入持久开展“建功‘十四五’、奋进新征程”主题劳动和技能竞赛要求，在深化竞赛机制、丰富比赛载体、拓展竞赛内涵上下功夫，使技能竞赛在推动民航产业工人队伍建设改革、实现民航高质量发展中发挥更大作用。

三、中信重工：赓续红色基因，弘扬工匠精神，以产业工人力量擦亮“中国制造”品牌

中信重工机械股份有限公司前身为洛阳矿山机器厂，是“一五”期间国家156项重点工程之一，是国家级创新型企业和高新技术企业，中国最大的重型装备制造企业之一，全球最具竞争力的矿业装备和水泥装备制造商与综合服务商，被誉为“中国工业的脊梁、重大装备的摇篮”。

中信重工的发展受到党和国家领导人高度关注和亲切关怀。2009年，习近平同志视察时说：“来到以后感到很亲切，看了以后感觉很振奋、很触动，这里代表了国家和世界先进制造业的水平，希望你们继续努力。”

中信重工牢记习近平总书记的殷切嘱托，不忘实业报国初心，担当制造强国使命，以国之重器的责任担当，一是筑牢国之重器的地位，把国之重器地位作为企业存在的最大价值；二是强化“硬科技”实力，夯实中信重工持续发展的根基；三是加大对外合作，开门办企业，以合作谋求共赢；四是实现高质

量发展，打造具有全球竞争力的一流装备制造企业。

近年来，中信重工屡屡建功国产航母、C919 大飞机、神舟系列飞船等国家重大工程建设、重大装备研制，先后荣获国家首批企业双创示范基地、首批制造业单项冠军、中国工业大奖、国家高端矿山重型装备制造技术创新工程奖等重大奖项。现有职工 6600 余人，2020 年，实现工业生产值 180.24 亿元，同比增长 0.33%。

中信重工工会下设直属工会 36 个，基层分会 96 个，工会小组 340 个，拥有专兼职工会主席、副主席 52 人，工会会员 6600 余人，工会建会率、组织覆盖率 100%。2018 年荣获“全国模范职工之家红旗单位”称号，全国仅评出十家，河南省仅中信重工一家，这是建厂 60 多年来公司工会取得的最高荣誉。

近年来，中信重工工会在公司党委和公司行政的大力支持下，深入贯彻中央、省委和中信集团关于产业工人队伍建设改革的部署要求，以传承红色基因为己任，以弘扬工匠精神、打造高素质技能人才队伍为主线，制定《推进新时期产业工人队伍建设改革实施方案》，明确目标任务，落实改革举措，凝聚产业工人力量，擦亮“中国制造”品牌，打造富有特色的产业工人队伍建设改革“中信重工样本”。

（一）传承红色基因，强化思想政治引领

加强思想政治引领是产业工人队伍建设改革的重点和关键。中信重工始终把传承红色基因、发扬优良传统贯穿于产业工人队伍建设改革全过程。

1. 弘扬焦裕禄精神。焦裕禄同志在洛矿工作了 9 年。习近平总书记视察中信重工时说：“焦裕禄精神孕育形成在洛矿，弘扬光大在兰考。”中信重工依托焦裕禄精神诞生地、传承地、弘扬地这一独有的资源，制定形成了一线工人践行焦裕禄精神贯标体系，使之成为推动产业工人队伍建设改革的内生动力。

2. 发扬优良传统。1965 年 12 月至 1967 年 1 月，在那个特殊的时期，习仲勋同志在洛矿任副厂长，他扎根一线、艰苦朴素、心系职工、迎难而上的品格，为我们留下了宝贵的精神财富。中信重工将习仲勋同志工作过的车间打造为开放性现场教育基地，激励广大职工团结奋进、开拓创新。

3. 弘扬劳模工匠精神。制定《中信重工践行工匠精神实施细则》，将工匠精神、劳模精神纳入企业文化建设体系，提升产业工人文化自信、发展自信。充分发挥党的十九大代表、全国劳模刘新安和大国工匠杨金安等模范先进的引领作用，开展工匠讲堂 200 余期，引领产业工人讲政治、学理论，听党话、跟党走。

（二）健全制度体系，深化改革保障

健全制度体系是产业工人队伍建设改革的重要内容。近年来，中信重工建立完善了一系列措施，引导和激励产业工人成长成才。

1. 实施“金蓝领工程”。为生产一线工人设置了从初级工、中级工、高级工到技师、高级技师、大工匠 6 个技能等级，打通了技能等级晋升通道。目前有近 600 名生产一线工人晋升技师以上等级职业资格。强化技能价值激励导向，最高等级大工匠每月可领 5000 元技能工资。设立“金蓝领技能津贴”，技师以上技能工人在承担公司工匠创新课题期间，按月发放津贴，其中技师 500 元、高级技师 1000 元、大工匠 2000 元。

2. 全面推行新型学徒制。建立完善师傅选拔标准、徒弟培养计划、考核激励措施等，用师履责、徒勤学推动师带徒活动有效开展，目前已签订师徒协议近 200 份，每对师徒每人每月发放 800 元津贴。

3. 深入推行首席员工制度。累计在高级工以上职业资格人员中评聘首席员工近 1000 人，每人每月发放 300 元津贴，有近

100名职工累计5年获评首席员工直接晋升金牌首席员工，每人每月发放500元津贴。

4. 完善市级以上劳模（工匠）管理办法。每月对国家、省、市不同级别劳模发放200元到400元津贴，激励人人追赶先进、个个争当劳模。

（三）搭建成长平台，促进素质提升

中信重工始终把提升技能素质作为产业工人队伍建设改革的关键，多管齐下实施职工素质提升工程。

1. 加大培训力度。依托中信重工大学，借助浙江大学等外部资源，为职工开设覆盖企业生产全流程的培训课程。中信重工大学作为洛阳市工匠学院教学基地，开展了河洛工匠第二期高级研修班等20余个班次的培训。

2. 深化技能竞赛。先后组织炼钢工、铆工等几十个工种专项技能竞赛40余场次，选派2000余名职工参加市以上职业技能大赛30余次，87名工人通过竞赛晋升技能等级和工资。

3. 支持创新孵化。公司投资近300万元建设了22个劳模工匠创新工作室，开展攻关3311次，完成课题443项，申报专利10余项，创造效益3.2亿元。

4. 创建五星班组。在各产业板块广泛开展“五星班组”创建活动，促使职工保证安全、优化成本、提高质量、提升效率、共建文明。

（四）以职工为中心，维护职工合法权益

中信重工始终坚持以职工为中心的发展理念，不断提升职工获得感、幸福感。

1. 坚持民主管理。落实职代会制度，解决职工代表提交的意见建议100余条。推行工资集体协商，职工人均工资增幅8%左右，劳动关系和谐度达95%。

2. 加大关爱力度。每年组织全体职工健康体检，将业务骨干、公司级劳模纳入市级以上劳模休养范围。加大解困帮扶力度，累计救助、慰问困难职工 3000 余人次，发放救助金 340 余万元。

3. 丰富文体生活。建设员工俱乐部、篮球场、足球场等职工健身活动场所，举办丰富多彩的职工文体活动，公司连续 11 年被授予“全国群众体育先进单位”称号。

产业工人队伍建设改革，激发了新时代职工的强大力量。中信重工已涌现全国劳模 9 人、大国工匠 1 人，中原大工匠及企业级以上工匠 19 人，高级工以上 3000 人，已形成了国内领先、全球稀缺的高端重型机械加工制造能力，产品和技术服务覆盖“一带一路”沿线近 50 个国家和地区。

身处百年未有之大变局，面对波澜壮阔的“十四五”，中信重工将以践行国家战略、为国家多作贡献为企业使命，以产业工人队伍建设改革为契机，围绕“中国制造 2025”的重大工程和重点技术领域，全心全意依靠工人阶级，充分发挥中信重工的品牌、技术、人才、制造等优势资源，加快推进正在实施的 22 项重大项目攻关，突破国家急需解决的“卡脖子”技术和环节，以更大的责任担当助力国家提升高端制造水平，为实现中华民族伟大复兴贡献中信重工力量。

四、南瑞集团有限公司：立破并举，推动产改工作走深走实

南瑞集团积极探索，坚持先试先行、立破并举，“四立四破”，全面深入推进产改，实现产业工人获得感、满足感、幸福感大幅提升，成为推动企业高质量发展的强劲动力。

（一）立目标，实现企业与个人同发展共成长

产业工人是创造社会财富的中坚力量，是实施制造强国战

略的有生力量，是推动企业发展的骨干力量。产业工人队伍建设改革，就是要建设一支有理想守信念、懂技术会创新、敢担当讲奉献的宏大产业工人队伍，不断巩固党长期执政的阶级基础和群众基础。南瑞集团以产改为契机，按照在政治上保证、制度上落实、素质上提高、权益上维护的总要求，确立了“以职工为中心，让职工当主角，由职工说了算”的工作思路，准确把握党政需要和职工需求的交汇点，建立起企业与职工之间的桥梁纽带，实现企业与职工命运与共、同心以往。

（二）立信念，引导产业工人听党话、跟党走

加强产业工人思想政治引领，引导广大产业工人听党话、跟党走是产业工人队伍建设改革的首要任务。南瑞集团打造“思政讲武堂”、“智慧大讲堂”、“班组微讲堂”三大平台，开展“劳模工匠进校园思政教师进企业”、“我为产改添精彩”合理化建议、“身边的榜样”等活动，借助一线职工讲、先进典型讲、内训专家讲、外部学者讲、上级领导讲的“五讲”载体，让学习教育更贴实际、更易接受，让实践成果更好推广、更加普及，使企业职工对中国共产党的信任、对马克思主义的信仰、对中国特色社会主义的信念更加坚定，思想更加统一，充分发挥思想政治工作对企业职工的团结凝聚作用。

（三）立规矩，构建“党建+产改”工作机制

作为一项系统改革，产业工人队伍改革需要凝聚各方的智慧和力量。南瑞集团构建“党建+产改”，做到党建工作、产改工作同谋划、同部署、同推进、同检查、同考核，在各方的共同努力下，一个党委统一领导、工会牵头、各部门各司其职，上下互动、左右联动、统筹推进的产业工人队伍建设改革工作格局逐步形成。近年来，南瑞集团制定落地了十余项制度文件，并将产改成效纳入基层单位企业负责人年度考核，将产改试点

作为各部门、各单位年度重点推进项目，确保工作不脱节，不搞“两张皮”。

（四）立标杆，实施非在编职工“十同机制”

强化企业主体责任，着力打通改革政策举措落实的“最后一公里”，发挥国企特别是央企的示范带动作用，解决好产业工人最关心、最直接、最现实的利益问题，激发产业工人队伍的内生动力。南瑞集团作为国家电网公司直属科研产业单位，在能源电力以及工业控制领域有突出优势，2019 年成为全省首批产业工人队伍建设改革试点单位，2020 年又被省委、省政府确定为全省 4 个全面试点企业之一。南瑞集团用工形式多样，针对非在编职工提出了同入党、同入会、同培训、同晋升、同考核、同报酬、同福利、同持股、同维权、同活动的“十同机制”维权工程，极大提高了非在编职工的政治待遇、社会待遇和经济待遇，此项经验两次在全国产改专报上刊载，推广至全国。

（五）破薪酬，推动产业工人分成企业超额利润

相较于民营企业、外资企业，国有企业的工资体系不够灵活，一线职工的薪酬相对没有竞争力。南瑞集团积极探索，找到产改和国企改革的契合点，突破工资总额限制，率先实施国有企业超额利润与职工分成。对于超出利润总额考核目标以外的超额利润部分，按照 30%—50% 的累进比例进行分成奖励，该奖励与工资总额分列，不受限制。其中对一线职工的奖励数额不低于总额度的 80%，让职工群众共享企业发展成果，保持更加充沛的活力和干劲。

（六）破持股，实施产业工人多期股权激励

实现同心所向、并肩以往，就需要让职工感受到自己是企业的一分子，与企业血脉相连、同生共存。南瑞集团党委将股权激励作为产改的重要一环，将广大职工变为南瑞的“股东”，

重点依托上市公司在员工持股上试点。2019 年，面向研发、工程、生产等业务骨干 990 人实施第一批股权激励，人均 3.88 万股。目前一期股票顺利解锁，二期股票激励已全面实施，二期股票共计激励 1299 人，企业职工经济收入显著提升，主人翁意识和主动投身企业发展的动力进一步增强，对企业发展有了更多的憧憬和期待。

（七）破跟投，打通产业工人创新全生命周期

创新能力的提升是产业工人队伍建设改革和企业发展的必然要求。南瑞集团发挥产业优势，围绕产业链部署创新链，围绕创新链布局产业链，构建了“征集、立项、实施、转化、评选、激励、推广”的职工创新全生命周期体系，推进职工创新成果转化应用。针对具备市场投放条件的职工创新成果，建立项目跟投机制，由企业和职工共同投资，建立风险共担和利益共享机制，市场转化收益按照投资比例进行分配，实现休戚与共、命运相连，做到“用自己的研究成果成就自己”。

（八）破晋升，建设产业工人“三通道”职业发展体系

千秋基业，人才为本。高素质产业工人队伍是我国重要的人才资源，更是国家发展的核心竞争力。作为一家人才聚集型高新技术企业，南瑞集团以产改为契机，建立健全培养、考核、使用、待遇相统一的激励机制，实现多劳多得、技高者多得。通过建立管理、专家、职员三通道的职业发展体系，并在三个通道之间建立“旋转门”，实现管理、专家、职员的互转互任互通，为产业工人提供更多元的发展渠道和路径。在待遇方面，专家、职员、管理三通道同职级待遇保持一致，实现产业工人事业有平台、上升有空间、待遇有保障。

南瑞集团通过扎实推进产业工人队伍建设改革，一方面使得职工的积极性、创造性有力迸发，主人翁意识显著增强，同

时，企业的经营收入连年大幅增长，真正实现了企业与职工共同发展的目标。

五、北京市地铁运营有限公司：职工创新工作室联盟助力产业工人队伍建设改革

为深化公司群众性技术创新活动，激发广大职工参与技术攻关、技术革新的热情，为劳模和工匠人才发挥作用搭建平台，2021 年 6 月，北京市地铁运营有限公司成立全市交通运输系统首家职工创新工作室联盟（以下简称“联盟”），联盟由所属单位 26 个劳模工匠创新工作室组成，覆盖地铁运营各大专业。自联盟成立以来，围绕“共克技术难关、共商创新发展、共用培训资源、共建交流平台、共享创新成果、共创企业品牌”进行了有益的实践探索。

（一）工作机制

北京市地铁运营有限公司工会认真履行联盟日常联络、协调管理、活动组织等职责，依据《联盟成立工作方案》及《联盟章程》，制定年度工作安排，统筹年度工作；按照不同区域、不同专业、上下游接口等，将联盟划分为车辆维修、站车服务、设备维修等四个项目组，组织开展集智攻关、联合创新；针对构成站车服务组的工作室数量较少的问题，加大车站管理类创新工作室建设工作力度，帮助站车服务组扩展服务创新思维，丰富创新工作维度；针对联盟成员集中关切的联合研发费用承担比例、知识产权等问题，以谁受益谁负责为原则，组织参与各方签署联合创新合约，明确各方权利和义务，同时鼓励和支持联合创新项目申报企业级和市级创新助推项目，拓宽经费支持。

北京市地铁运营有限公司创新联盟工作体现出四个突出特点。一是突出自主性。26 个工作室自愿加入联盟，具有与联盟

成员合作交流学习、技术攻关、聚力创新的内生动力。据统计，各项目组自主开展工作室间的现场参观、交流学习研讨 8 次，内容包括工作室创新成果、创新项目的管理、导师带徒活动等内容。通过跨企业、跨专业的交流研讨，增进了工作室间的了解和信任，也增强了集智创新的信心。二是突出协同性。联盟通过联合创新项目，为各成员搭建了共同开展技术创新的机会，成员围绕管理、技术等共性项目联合研发，联合申报奖项，联合申请专利。成员间通过资源共享、优势互补，在一定程度上降低了投入，提高了创新效率。如“跨专业”设备维修项目组，确定了共同研发闸机电路板测试工装的创新项目，解决自主维修部件设备测试时存在的安全风险问题。各成员发挥自身技术专长和资源优势开展协同攻关，分别负责牵头设计、电路图绘制、机械设计、软件编程等工作，经全体成员协同进行装配调试、成果验证后，实现了全部维修部件的离线测试，降低了因设备测试对正线运营的影响。三是突出共享性。联盟为各成员提供工作室建设优秀案例和模板，帮助各成员不断完善管理、健全制度、组建团队，提高创新项目管理能力、成果转化能力，共同促进工作室的建设标准和水平。近年来，随着地铁乘客从“走得了”向“走得好”的转变，乘客关注点集中在地铁车厢温度不均匀问题，由于列车型号不同，各条线采取了不同的改进措施。联盟成立后，“跨企业”车辆维修项目组成员集思广益，确定了对车厢客室送风格栅改造项目，并以 13 号线列车为突破口，经过立项、研发、实施后，有效改善了空调出风口风量、风速分布不均的问题。联盟各成员单位都可共享这一成果，为全路网解决类似问题提供了方案。四是突出带动性。联盟为劳模和工匠人才提供了更广阔的发展空间，丰富的创新成果展现了他们的创造力、创新力和想象力，他们的精神、事迹和绝活激发了更多职工参与创新、学练技能。“上下游”站车服务项目组发挥全国劳模廖明在人才培养和技能传授方面的优势，通过经验交流、导师带徒等方式在职工中广泛传授精湛驾驶技能，传播劳模精神、劳动精神、工匠精神。

（二）心得体会

总结联盟成立以来的工作开展情况，主要有三个方面的体会。一是联盟是推进产业工人队伍建设改革的重要举措。产改方案要求“加大对产业工人创新创效扶持力度，探索创建跨区域、跨行业、跨企业的创新工作室联盟”。创新工作室联盟的组建，深化了企业群众性技术创新活动，进一步培养了职工队伍的创新能力，在企业内营造了更加浓厚的创新氛围。二是联盟是各级工会组织融入中心服务大局的有力抓手。立足新发展阶段、贯彻新发展理念、服务和融入新发展格局，奋力推进首都交通高质量发展和创新发展，是各级工会组织的大局。工会组织积极协调、指导和推动创新工作室联盟工作，促进了企业职工创新能力的提升，助力了企业人才的培养，有效服务了企业的创新发展。三是联盟是职工创新工作室持续发展的动力源泉。工作室联盟的建立，突破了以往创新工作室“单点”服务一个企业，“单线”串联职工和企业的方式，将“单点”和“单线”编织在一起，实现了网络化、立体化的工作方式，给职工创新工作室提供了更广阔的发展空间，为领军人提供了更通畅的交流平台，为创新成果提供了更广泛的应用场景，为创新工作室重新注入了活力。

（三）未来发展

为进一步推动创新工作室联盟的持续发展，我们将在三个方面下功夫：一是在组织保障上下功夫。要充分发挥指导和服务作用，主动做好统筹协调、服务保障工作，使联盟及项目组真正转起来、活起来、干起来。不断丰富联盟的组织形式，增强对创新工作室的吸引力，扩大专业覆盖面。工会组织将联盟工作纳入年度工作计划，为联合创新项目、交流研讨、宣传展示等工作提供经费支持和阵地保障。二是在规范化建设上下功夫。着力建立健全联盟及项目组的制度和机制，规范联盟运行。完善集智攻关制度，建立联合创新项目合约范本，规范项目审核、联合创新、过程监督、成果验收和应用环节各方的责任、义务和权利。完善经费保障制度，按照谁受益谁负责的原则，明确各方经费投入比例，通过推荐市级和企业级创新助推项目，拓宽联合创新项目的经费来源。三是在发挥专业优势上下功夫。在联盟内开展对新技术、新理念以及交通行业未来发展方向的科普，增强联盟工作的前瞻性；发挥科研项目管理的专业性，在联盟开展专利申报、创新成果转化的经验介绍，增强联盟成果转化和专利保护意识；发挥技术权威优势，开展对联合创新项目立项的论证，以及创新成果的评估、评价，提高联合创新攻关的实际效果。

六、徐州矿务集团有限公司：实施“十大突破”，提升“三大地位”，努力打造全国能源化学地质系统产业工人队伍建设改革“徐矿样本”

（一）实施背景

作为具有一百多年煤炭开采历史的特大型国有能源企业，徐矿集团近年来面临产业工人年龄结构不合理、专业结构不平衡、高技能人才偏少、三大地位不突出等问题。特别是产业工人招工难，人员更替紧张，“老龄化”矛盾突出，全集团在岗职工 40 岁以上占比超过 60%，不利于企业的可持续发展；少部分单位受经济效益影响，产业工人收入增长缓慢，其积极性、主动性、创造性得不到有效发挥；受思想认识、教育程度以及部分硬性条件等影响，一线产业工人的入党占比较低，在党代会、职代会中的代表占比也较低，政治地位不够凸显。为解决上述问题，徐矿集团深入学习贯彻习近平总书记关于产业工人队伍建设改革的重要指示精神，坚决贯彻落实党中央关于产改工作的决策部署，在全国总工会、中国能源化学地质工会的关心指导下，紧密结合行业特点和自身实际，确立了“政治上有地位、经济上有待遇、社会上受尊重”改革方向。2019 年以来，先后出台实施“产改十条”、“十大项目”、“双十行动”，聚焦“十大突破”，着力提升产业工人政治地位、经济地位和社会地位，充分调动激发全集团 4 万职工的积极性、主动性、创造性，加快建设一支知识型、技能型、创新型的产业工人队伍，努力打造全国能源化学地质系统产业工人队伍建设改革的“徐矿样本”。

（二）具体举措

1. 突破条件限制，让产业工人有更多政治荣誉。着眼最大限度地把优秀产业工人吸纳到党的队伍中，出台《关于开展党员空白班组建设的实施意见》，逐步提高一线产业工人党员比例，2019 年以来共有 878 名优秀产业工人入党。坚持党建带工建、助产改，实施“双创双提升”行动，让劳模参加各级党委理论学习中心组学习，15 个劳模创新工作室全部创建成为劳模党支部和党员先锋示范岗，引领广大产业工人听党话、跟党走。

2. 突破比例约束，让更多产业工人参与企业治理。在集团公司十一届一次职代会上，首次设定技师、高级技师等普通产业工人界别，一线产业工人代表占比超过 60%，此举得到了中国能源化学地质工会、江苏省总工会的高度评价；企业投资计划等重大决策、职工集体合同等涉及产业工人切身利益重大问题均经职代会审议通过。规范推进职工董事制度、职工监事制度，保证产业工人有效参与企业治理。

3. 突破学历门槛，把优秀产业工人选拔到管理岗位使用。

打破学历、职称、身份等限制，将在集团公司技能大赛中脱颖而出的40多名优胜选手选拔为班组长，百余名一线产业工人先后走上了企业中层管理岗位。建立优秀产业工人到群团组织兼职制度，省劳模何永涛、吴建群等10余名优秀产业工人到基层工会兼职。在2022年实施的“双十行动”中，明确对兼职人员给予同等政治、经济待遇。

4. 突破平均主义，工资分配注重向一线产业工人倾斜。制定出台《产业工人薪酬分配意见》，建立技能水平与薪酬等级挂钩制度，在政策上保证技高者多得、多劳者多得。按时足额为产业工人缴纳“五险一金”，提高劳动模范、高技能人才等优秀产业工人年金企业缴费比例。近年来，实现全集团在岗职工收入每年同比增长10%。

5. 突破帮扶上限，坚定不移做好教育、医疗、住房“三保障”工作。抓好底线、基本、质量“三大民生”，始终关注弱势群体、困难家庭、特困户“三大群体”，做好涨工资、提待遇、美环境“三件大事”，四年来累计走访慰问困难产业工人1.8万人次，发放慰问金3300万元，帮助2200多名困难职工子女圆了上学梦。

6. 突破津贴范畴，扩大产业工人津贴范围。为夏伯党、吴建群等劳模创新工作室、技能大师工作室领军人才，每月发放2000—3000元不等的补贴；拥有高级工、技师、高级技师职业资格的产业工人，可享受与助理工程师、工程师、高级工程师同等标准的津贴。新取得技师、高级技师职业资格的产业工人，分别给予5000元、10000元的奖励。

7. 突破额度限制，加大产业工人奖励力度。根据产业工人在国家、省级专业技术大赛中取得的名次，由所在单位分别给予5万—20万元、2万—10万元奖励；对全国劳模马奔、荣良群分别奖励5万元；对获得全国、省、市五一劳动奖章的20余名先进个人，集团也给予了配套奖励。

8. 突破评先比例，注重在各级各类先进评选中增加产业工人名额。大力开展劳模、工匠、好人、“六个十佳”及岗位标兵、技术能手等评选，目前产业工人在各级各类先进评选中的名额比例已超过70%。

9. 突破疗休养模式，对获得市级以上荣誉的产业工人开展家庭疗休养。对获得国家、省（部）、市级荣誉的产业工人开展家庭疗休养；对获得集团公司劳动模范及“六个十佳”等荣誉称号的产业工人开展个人疗休养。2019 年以来，共组织近 1000 名劳模先进个人开展疗休养。

10. 突破招聘范围，同等条件下优先录用优秀产业工人子女。举办集团公司产业工人子女专场招聘会，并在同等条件下优先录用；每年组织 1000 余名产业工人骨干进行学历教育、技能培训等。

（三）主要成效

徐矿集团产业工人队伍建设改革最大的成效，就是团结动员 4 万职工助力百年老矿区实现困境突围，走出了一条资源枯竭型企业转型重生之路。

一是迈上了三大台阶。实现了从稳下来、走出来向好起来、强起来的历史性转变。新增煤炭产能 1110 万吨，新增装机容量 432 万千瓦，以技术、管理为主的煤矿、电力服务外包走向“一带一路”沿线 6 个国家和国内 8 个富煤省区，拥有项目 36 个，安置 1 万多名职工就业。经营性现金净流入 140 亿元，创造经营利润 90 亿元，上缴税费 100 亿元。二是创出了三大样本。破解了产业接续、人员安置和环境治理“三大难题”，创出了全国煤炭老工业基地转型、关闭矿井重生、衰老矿区生态修复“三大样本”，相关经验做法得到国家发改委的肯定和推广。三是惠及了三大民生。55 家集体企业全部出清，1708 名职工得到妥善安置；全面完成“三供一业”移交，惠及6.4万户职工；将2.3万名退休人员移交地方，圆满完成退休人员社会化管理工作；在岗职工工资实现翻番，用于改善民生支出超过30亿元，兜住了底线民生，保障了基本民生，提升了质量民生。

徐矿集团将继续深入贯彻习近平总书记关于产改工作的重要指示精神，切实把思想和行动统一到党中央的决策部署上来，按照全国总工会、中国能源化学地质工会的有关要求，着力提升产业工人“三大地位”，努力成为产改政策的落实地、产改问题的发现地、产改创新的策源地、产改成果的集聚地，当好全国能源化学地质系统产业工人队伍建设改革的“试验田”。

七、中国宝武钢铁集团有限公司：深入实施“三个全面”工程，扎实推进产业工人队伍建设改革

中国宝武钢铁集团有限公司是全球最大的钢铁企业，2022年钢产量达到1.3亿吨，现有在岗职工22万人，技能人员占比近70%。中国宝武始终牢记习近平总书记考察调研旗下太钢集团、马钢集团时的指示精神，认真贯彻落实党中央、国务院以及全国总工会对产业工人队伍建设改革的决策部署，围绕产业工人队伍“能力、活力、动力”三力建设，深入实施“三个全面”工程，着力构建“技能提升、建功立业、维权服务”三大体系，扎实推进产业工人队伍建设改革，为中国宝武建设世界一流伟大企业提供坚强的人才支撑和队伍保障。

（一）实施全面提升职工能力素质工程，形成与产业升级相适应的技能提升体系

一是构建多层次全覆盖的技能培训体系。持续加大对产业工人的教育培训力度，探索形成涵盖职业生涯全周期的技能培训体系，按照“集团公司轮训+子公司专训”方式分层分类开展一线职工全员培训。集团公司层面侧重理想信念、企业文化、

战略规划、工匠精神、安全生产、基础能力等通用类项目培训，由集团公司统一策划课程套餐，采用跨基地交流轮训模式，每年组织不同省市职工集中轮训，培训学时每人每次不少于12天；各二级公司结合实际制定个性化培训方案，侧重于岗位能力深化、技能等级提升、复合技能拓展等专业类培训，主要采取集中培训、短期培训、专项培训、外送培训、邀师上门等方式开展，培训学时每人不少于48天。中国宝武力争在2025年底，实现高级技师、技师“翻番”（占比≥20%）、无等级技能人员“减半”（占比<15%）、一线员工培训“全覆盖”的目标。

二是实施职业技能自我提升行动计划。打破专业、工序、岗位界限，打造全流程、多工种的集成学习平台，不断丰富学习方式、资源、载体，引导产业工人树立终身学习的理念。推动建立岗位关键能力矩阵，精准提升能力短板，持续适应迭代技能要求。建设“宝武大咖汇”线上知识社区，开设“百千万人才工程讲堂”栏目，汇聚集团各领域的领军人才直播授课，共享前沿领域理论知识，目前已举办50期“大咖”直播活动，19.2万人次观看学习。搭建“宝武微学苑”网络学习平台，丰富网络课程、视频公开课、微课等学习资源，2022年以来平台登录13.2万人次，总学习量达644万课次。

三是做强做实技能竞赛品牌。坚持以赛促训、以赛促学的办赛理念，构建以国家级以上技能大赛为引领、集团级竞赛为示范、二级公司级竞赛为主体、基层单位岗位练兵活动为基础的技能竞赛体系，打造“铸匠心、提技能”竞赛品牌。聚焦新兴方向、重要专业、关键领域，分类设置前瞻引领类、行业重点类、专项强化类竞赛项目，重点检验职工复合技能水平和实际问题解决能力，带动多层次、多产业、多工种劳动技能竞赛活动，在钢铁行业技能大赛、全国工业机器人大赛、全国数控技能大赛等赛事中中国宝武职工屡获殊荣。将技能竞赛融入人才培养全过程，形成“培训、练兵、竞赛、晋级、激励”五位一体的育人机制。建设网上练兵平台，开源式拓展题库，引入仿真模拟、VR 等新手段，推进“云端”常态化练兵。

四是完善职业技能等级自主认定体系。按照国家深化技能人才评价工作改革的总体部署，建立科学管理、规范实施、依规监管的职业技能等级认定制度体系。建立职业技能等级认定指导中心、地区认定中心、企业评价点三级管理架构，已有 79 家分支机构自主开展职业技能等级认定报备，并配套建立了认定机构管理、题库管理、考务管理、考评员管理、质量督导管理、认定证书管理等制度体系，实现技能等级认定全过程规范化管控。同时，持续迭代完善匹配岗位要求、符合行业评价规范、获得社会认可的职业技能评价标准，引导产业工人提升职业技能水平，形成了“以认定牵引培训，以培训提升等级”的良性机制。

（二）实施全面推进职工岗位创新和价值创造工程，形成与企业高质量发展相适应的建功立业体系

一是建立引领性职工岗位创新体系。搭建由职工创新活动中心、创新基地、创新工作室、创新小组组成的岗位创新平台，发挥领军人才示范带动作用，建立 1 个创新活动中心、14 个创新基地、503 个厂部级以上职工创新工作室和 3800 余个职工创新小组，并获评 6 个“全国示范性劳模和工匠人才创新工作室”、16 个“国家级技能大师工作室”、101 个行业、省部级创新工作室。全面开展“我为企业‘对标找差创一流’献一计”活动，探索建立自主献计与定向征集相结合的活动机制，建立项目立项、实施、跟踪、评估闭环管理流程，设立“金点子奖”、“优秀岗位创新成果奖”等奖项，并确立了 50 元—10 万元的梯次奖励标准。定期评选岗位创新新人奖、宝武工匠，建设引领型、中坚型、潜力型相衔接的人才梯队，41 名产业工人

被评为省部级工匠，3 名产业工人被评为“当代工人发明家”。设立每年的 12 月 23 日为宝武“全员创新日”，隆重举办创新主题活动，表彰先进、激励典型，营造浓厚氛围。每年授权专利 3000 余项，形成企业技术秘密 2000 余项，总结先进操作法 500 余项；11 项工人成果荣获国家科技进步奖二等奖，11 项工人成果荣获省部级科技进步奖。

二是广泛深入持久开展劳动竞赛。按照突出战略引领、突出攻坚克难、突出价值创造的原则，以“全面对标找差，创建世界一流”为主题，以“将生产经营的难点转化为人人参与的热点”为导向，每年围绕重大战略、重点领域、重要项目，分层分类、顺势因时逐级开展综合引领型和专项攻关型劳动竞赛，不断丰富载体内涵、拓展竞赛领域、提升竞赛效能，2022 年各级单位共开展 3800 余项竞赛。发挥产业工人队伍主力军作用，着力扩大竞赛覆盖面、提高参与度，以项目化、全员化方式层层分解竞赛目标，做到“千斤重担人人挑，人人肩上有指标”。加大劳动竞赛过程管理和激励力度，按照“月度发榜、季度评比”模式加以推进，及时总结推广最佳实践，见人、见物、见精神。

三是实施班组建设行动。以班组建设为切入点，创建“学习有追求、效益有佳绩、创新有动力、安全有保障、和谐有亲情”的“五有”班组，为产业工人搭建成长发展平台。2021 年起，实施班组建设行动计划，明确“以科学设置班组为前提，以班组长队伍建设为重点，以班组全员能力提升为基础，以班组联谊活动为纽带，以班组建设竞赛为牵引”的工作重点，确立集团“指方向、出政策、搭平台”，子公司“定方案、抓落实、出经验”，基层单位“重执行、善创新、出成果”的分级推进机制，选树全覆盖、标准化、科学化的班组建设新标杆。

（三）实施全面提升职工“三有生活”（有钱、有闲、有趣）水平工程，形成与职工对美好生活向往相适应的维权服务体系

一是建立健全职工发展与激励机制。开展产业工人岗位再设计，拓宽岗位职级，设置首席技师、技能大师等高技能岗位。顺应技术技能融合发展趋势，探索构建基于“操检维调”一体化复合型岗位体系，打破岗位身份界限，贯通职业发展通道，推动产业工人成长为复合型人才。探索建立跨基地、跨区域的人才共享和使用机制。完善与经营业绩提升挂钩的薪酬正常增长机制，建立“岗位积分累积制”，以绩效贡献和技能价值为重点评价指标，体现多劳者多得、技高者多得的价值导向。对关键核心岗位产业工人实行能级工资制、股权激励计划，并享受与对应管理、技术人员同等标准和同等待遇。围绕“树立一个、培养一群、带动一批、造就一代”的目标，建立荣誉激励体系，不断优化物质、精神、绩效等奖励方式，增强激励效应。

二是建立完善服务保障制度体系。逐步构建面向全体职工的健康关爱、心理关爱、财富关爱、人文关爱、职业关爱“五普惠”，以及专门服务核心人才、外派人员、困难职工、女职工、青年职工群体的“五精准”关爱服务工作体系，构筑起包含基本医疗保险、大病保险、百万医疗保险、医疗救助、应急救助及职工互助等全方位保障体系。大力开展服务职工实事项目，推出职工体检升级服务、青年员工租房补贴、爱心妈咪小屋优化等特色项目，平均每年立项实施1000余项实事项目。结合“我为群众办实事”实践活动，又推出了万名“宝罗”机器人上岗、建设健康驿站、建立青年人才公寓、设立托育机构、关心外派人员等解决职工群众急难愁盼问题的特别项目。建立帮困送温暖长效机制，实现职工帮扶全覆盖，近三年投入帮困

慰问资金1.96亿元，帮困慰问各级各类职工33.3万人次。

三是建设智慧工会平台。顺应移动互联时代发展潮流，落实走好“网上群众路线”要求，以满足职工需求为导向，以变革服务模式、畅通服务通道、提高服务效率为目标，建设智慧工会平台，构建纵向贯通、横向联通、内外融通的全方位、一站式服务职工生态圈。智慧工会平台设置资讯中心、福利中心、智创中心、服务中心、学习中心、活动中心六大板块，推进资源集中共享、需求精准掌握、服务高效直达，形成“从本人到家属、从工作到生活、从权益保障到身心健康”的服务职工工作新格局，努力实现沟通“零”障碍、关爱“零”时差、服务“零”距离。

八、中国国防邮电工会：大力推动非公快递企业“会、站、家”一体化建设

2012—2021年，我国邮政快递业实现跨越式发展，年度快递业务量从56.9亿件增至1083亿件，快递职工从60万人增至400万人，其中非公快递企业职工约占90%。为有效团结凝聚广大快递职工，中国国防邮电工会大力推动非公快递企业“会、站、家”一体化建设，即通过建立工会组织、建设职工服务站，把一线快递网点建成温馨可信赖的职工之家，用贴心服务凝聚人心、赢得人心，最大限度地把快递职工吸引过来、组织起来、稳固下来。

（一）积极开展工作试点，探索形成初步经验

2016年，中国国防邮电工会在顺丰北京公司4个网（站）点开展“会、站、家”一体化建设试点工作，提出“五有”、“四好”工作标准，即有饮水设施、有微波炉和冰箱、有淋浴设施、有公用电脑和无线网络、有一定数量图书，工会组织建设好、服务设施建设好、职工小家建设好、“会、站、家”一体化

建设好。经过持续推进，试点工作取得显著成效：网（站）点工会组织更加完善，全部民主选举产生分工会主席、工会小组长，职工入会率动态保持在83%以上；全部建成职工小家，使一线快递小哥能喝上热水、吃上热饭、洗上热水澡，休息时有网可上、有书可看，并开展新春送福、夏送清凉、金秋助学、冬送温暖、生日会、单身联谊、体育竞技等暖心活动。经过试点，有效探索和积累了可借鉴、可复制的经验：建会，是推动建站、建家、维权服务的基础；建站，是服务职工、增强工会组织吸引力和影响力的载体；建家，是目标，努力把工会建设成为快递职工可信赖可依靠的职工之家。

（二）有效推广试点经验，大力开展宣传引领

中国国防邮电工会组织非公快递企业工会干部赴试点网（站）点现场观摩，大力推广试点经验。2017年，在顺丰速运公司华北分拨区和北京申通等企业推广试点经验，组织开展新会员集体宣誓等集中入会仪式。申通快递通过“会、站、家”一体化建设在北京建立10余家加盟企业工会。圆通集团工会将“会、站、家”一体化建设纳入全国网（站）点标准化建设内容，同步规划、同步建设、同步验收。中国国防邮电工会通过组织开展采访报道、召开专题座谈会和新闻发布会等形式大力开展“会、站、家”一体化建设宣传引领，在非公快递行业引发热烈反响，起到良好示范效应。2017年7月，协调新华社等10余家中央媒体赴试点网（站）点现场采访，快递小哥在站点职工小家吃西瓜消暑的报道当天浏览量达540万人次，点赞量1万余人次。2019年3月，召开“牢记习近平总书记关怀，大力弘扬‘小蜜蜂’精神座谈会”，邀请春节前夕习近平总书记在北京调研时亲切看望过的快递小哥到会，畅谈体会感想，向全国快递职工发出“甘做勤劳‘小蜜蜂’，争做美好生活的创造者和守护者”的倡议。2019年11月，召开“工会关爱快

递员”新闻发布会，相关话题登上新浪微博话题榜第一位，阅读量近3亿人次。

（三）着力加强规范化建设，全面推动提质增效

一是加强源头参与。中国国防邮电工会积极参与有关政策的研究制定，推动“会、站、家”一体化建设纳入有关重要文件。2021年6月，全国总工会和交通运输部、国家邮政局等7部门联合印发的《关于做好快递员群体合法权益保障工作的意见》明确提出“引导快递企业和工会组织加大投入，推进基层网点‘会、站、家’一体化建设”，为推动“会、站、家”一体化建设提供政策依据和有力保障。二是加强分类指导。在坚持“五有”、“四好”标准基础上，中国国防邮电工会对工作基础好、积极性高的企业加强有针对性的指导，相应提高建设标准，指导企业增加职工解压室、妈咪小屋、职工小饭堂和职工文化活动场所等设施，指导企业探索“工会组织亮牌子，工会干部亮身份”等长效机制，进一步丰富服务项目、服务内容，提升服务质效。顺丰工会搭建工会热线、工会微信公众号等职工诉求沟通平台，每月向全体职工发放调研问卷，基层工会主席、工会干部每周4次深入网（站）点走访谈心并收集职工诉求和建议，确保职工诉求解决率达98%以上。顺丰、圆通、申通等企业将职工服务站逐步向环卫工人、外卖员等户外劳动者开放，如顺丰推出230余个向社会开放的爱心驿站。三是探索“工会代表”制度。“工会代表”是顺丰工会打造的一支来自员工、服务员工的总数2万余人的工会志愿者队伍。中国国防邮电工会积极推动“工会代表”制度与“会、站、家”一体化建设融合发展，组织工会代表充分发挥贴近职工的优势，开展入会宣传动员、工会知识普及、技能培训等工作。2020年至今，顺丰由“工会代表”新发展的会员达9.5万人。2021年，顺丰“工会代表”共上报各类信息77.4万次，处理员工诉求7万起。

四是推动标准化建设。2021 年，中国国防邮电工会开展快递企业“会、站、家”一体化建设形象标识公开征集活动；10 月，举办全面推进快递企业“会、站、家”一体化建设启动仪式，正式推出形象标识并在 100 个快递网（站）点同步悬挂，5 万名快递员线上集中宣誓、同步加入工会，主要头部快递企业工会签订《全面推进“会、站、家”一体化建设承诺书》，承诺共同推动建会入会等工作，实现好、维护好、发展好快递员群体合法权益，努力构建和谐劳动关系，助力企业健康发展。2022 年中国国防邮电工会加大工作指导和资金支持力度，设立了“会、站、家”一体化建设专项，10 家头部快递企业均进行了项目申报，提出建设目标、强化资金配套、大力发展会员，有力推动了服务职工阵地建设，提高了“会、站、家”一体化建设质量。全国总工会办公厅以“会、站、家”一体化建设为专题形成了一期《全总信息》。

经过持续努力，非公快递企业推动“会、站、家”一体化建设取得显著成效，工会组织已初步实现从覆盖少数企业向覆盖大多数企业的转变。横向看，顺丰、圆通、申通、京东、德邦等头部企业总部均已建立工会组织。纵向看，工会组织已从企业总部向地方分公司及其网（站）点延伸。截至 2022 年 6 月，全国快递行业工会会员总数超过 165 万人。顺丰现有基层工会组织 112 个，会员总数超 50 万人，职工入会率达 75%。圆通速递直营企业成立工会组织 28 个，54 家加盟企业均建立工会组织，建立职工小家的网（站）点 2500 余个。申通快递成立上海片区工会联合委员会，覆盖在沪全部加盟企业；成立申通车队工会委员会，吸引 3 万名司机加入工会。

九、中国财贸轻纺烟草工会：推进新就业形态劳动者群体建会入会与维权服务工作

（一）推动新就业形态劳动者建会入会

一是积极推进平台企业建会工作。密切与平台企业工作联系，加大政策宣传力度，扎实推进平台企业及其关联企业建会。美团（上海）总部、美团（北京）总部先后建会，饿了么已在21个省（区、市）启动外卖配送员建会入会工作。二是加强工作指导。我会相关处室负责同志为新就业形态劳动者建会入会专题网络培训班录制《外卖配送员权益保障状况及维权服务路径分析》课程，为各地工会做好外卖配送员维权服务和建会入会工作提供指导。对山东、河北等地产业工会开展外卖配送行业建会入会、建立集体协商机制等进行指导规范，推动涉及新就业形态劳动者权益保障的各项政策制度落地落实。

（二）加强对新就业形态劳动者思想政治引领

一是宣传行业典型。积极推荐外卖配送行业优秀职工参加中央主流媒体及工会媒体的宣传报道及节目录制，展现积极向上、辛勤劳动的精神风貌。2022年推荐美团外卖配送员张硕获评全国五一劳动奖章并当选行业首个全国“最美职工”，央视等媒体对张硕事迹进行广泛宣传报道，在外卖配送员群体及全社会引起热烈反响。推荐饿了么上海星光耀站点获评全国工人先锋号，充分肯定和宣传站点在推进外卖配送员建会入会工作中的示范引领作用。推荐饿了么蓝骑士乐队音乐作品《蓝色骑士》参加文旅部第十九届群星奖评选活动，弘扬奋进向上正能量。二是加强素质提升。指导饿了么开展“2021年骑士技能大赛”，通过设置“海选—战区赛—全国赛”赛制，设置“知识闯关、情景问答、情景演练、主题演讲”等内容，形成全员覆

盖、人人参与的浓厚氛围。指导饿了么制定蓝骑士劳模创新工作室项目方案，发挥优秀外卖配送员的示范引领作用，更好地发挥他们在思想政治引领、技能传承、管理创新等方面的优势，探索打造具有新业态特色的劳模创新工作室。

（三）开展调查研究，源头参与维护新就业形态劳动者合法权益

将外卖配送员建会入会和维权服务作为专题调研课题，先后对北京、上海、湖北、河北、河南、青海等地的做法进行梳理总结，形成调研报告。参与市场监管总局牵头开展的外卖配送员有关情况专项调研，参与全国总工会牵头开展的仓储物流企业发展和职工劳动权益保障情况调研。配合全国总工会宣传教育部开展新就业形态劳动者思想状况调查，配合女职工部开展新就业形态女性劳动者权益保障问题调查。起草题为《关于铺设智能取餐柜改善外卖配送员工作条件》、《关于促进网约配送员职业技能提升的提案》的两会提案，努力在促进行业健康发展、维护职工权益上发出产业工会的呼声。

（四）多方位精准化为新就业形态劳动者提供服务

一是开展关爱活动。与全国总工会文工团共同主办“温暖有你 共赴美好”新就业形态劳动者云上新春联谊会，2023 年 1 月 15 日农历小年夜在新华网、央视频、芒果 TV、工人日报客户端、学习强会等 13 个平台播出，总观看量达到 1570 万，覆盖量达 2.2 亿，得到社会各界广泛关注。开展女性外卖配送员特殊关爱活动，联合全国总工会女职工部、中国职工保险互助会，为北京、安徽、重庆等地 1000 名女性外卖配送员赠送“两癌”筛查服务。同时，以服务促入会，下发扫码入会流程，组织接受服务的女性外卖配送员网上入会。积极配合全国总工会新就业形态劳动者送温暖活动，指导饿了么、美团分别落实 25 万元送温暖资金，将慰问资金向外卖配送员中的生活困难、参

与抗疫、劳模、残障等群体倾斜，覆盖职工 551 人，并动员企业配套关爱物资。2022 年春节前夕，联合全国总工会权益保障部、女职工部赴河北燕郊美团外卖配送站点，看望慰问家人罹患白血病的困难外卖配送员，为他们发放工会慰问金和生活物资、书籍等慰问品，把新春的祝福和“娘家人”的温暖送到他们的心坎上。上海发生疫情后，捐赠 1 万个 N95 口罩，发放至上海美团、饿了么 22 个外卖配送站点。二是指导建设一平米温暖户外劳动者服务站点。联合中国职工发展基金会、阿里本地生活等，举办“户外劳动者秋季特别关爱计划启动暨一平米温暖户外劳动者服务站点”授牌仪式，示范带动更多的商家参与站点建设，主动关爱劳动者，积极承担社会责任。制定一平米温暖户外劳动者服务站点项目建设方案及补助资金使用办法，2022 年已投入资金 100 万元用于全国 1000 家站点建设。三是协调建设充换电、智能送餐柜等设备设施。为解决外卖配送员电动车用电量多，传统充电方式效率不高且存在安全隐患的问题，联合中国能源化学地质工会，赴国家电网电动车公司调研座谈，探讨建设电动车充换电设备方案。为解决部分单位、小区限制外卖配送员进入的问题，协调有关单位，试点建设智能送餐柜，实现无接触配送，提高外卖配送时效，保障外卖食品安全。四是积极响应全国总工会提升职工生活品质试点工作。指导饿了么申报全国总工会提升职工生活品质企业试点，梳理总结企业既往关爱职工项目，制定试点目标任务及实施步骤，督促企业践行社会责任，为外卖配送员创造良好的从业环境和发展机会，共享企业发展成果。五是加强就业服务。联合全国总工会权益保障部，依托“工会就业服务号”微信小程序，开展外卖配送员线上专场招聘活动。活动期间，共发布外卖配送员岗位 1000 余个。指导饿了么制定“灵活就业可持续发展基地项目”方案，“就业基地”落地山西壶关县。通过提供灵活就业岗位、组织培训和认证、打造标杆群体、完善灵活就业保障等内容，以促进就业巩固拓展脱贫攻坚成果。我会持续跟进“就业基地”进展，努力推动“就业基地”在规范用工、保障劳动者社会保险权益等方面有所突破。

（五）突出重点，不断提升工会新就业形态劳动者工作实效

一是强化宣传引领。开展“最美外卖配送员”推荐宣传活动，提升他们的职业归属感和荣誉感，营造关心关爱的社会氛围。二是加强源头参与。利用两会提案等渠道，反映外卖配送行业发展难题，呼吁和推动有关方面建立关爱外卖配送员的长效机制，解决外卖配送员充电、休息、住宿、子女入学入托等实际困难，形成有利于行业人员技能提升和职业成长的制度环境。三是加强阵地建设。开展外卖配送行业“会、站、家”一体化建设试点，依托外卖配送站点软、硬件升级改造，满足外卖配送员休息、进餐、充电等基本需求，不断探索丰富拓展站点功能，为外卖配送员提供维权帮扶、素质提升、心理疏导、法律咨询等全方位、一站式服务。四是做实维权服务。探索建立平台企业与劳动者定期沟通协商机制，推动解决反映强烈的劳动报酬、职业安全等突出问题。做好常态化帮扶与送温暖工作。指导平台联合合作的餐饮、零售、生活服务业商家建设一平米温暖户外劳动者服务站点，把站点打造成改善户外劳动者劳动条件的平台，全社会奉献爱心、传递正能量的桥梁和纽带。五是深化建会成果。继续推进平台合作商、代理商等组建工会，推进各层级外卖配送行业工会联合会建设，最大限度将外卖配送员吸纳到工会组织中来，为他们提供更加高效优质的服务。

十、江苏省农垦集团有限公司：突出重点抓落实，着力推进产业工人队伍建设改革

（一）江苏农垦基本情况

江苏农垦诞生于1952年2月，由中国人民解放军原步兵第102师整建制转为农业建设第四师，在江苏沿海、沿江、沿湖荒滩“屯垦戍边”创建的一批国有农场，先后经历省国营农场管理局、江苏生产建设兵团、省农垦局、省农垦农工商联合总公司等不同历史时期。

经过70年的改革发展，江苏农垦已成为以现代农业为核心，以医药健康、房地产及相关投资为支撑、一二三产融合发展的省属大型国有企业。集团现有46个直属企事业单位，总人口18.5万人，在职职工4.5万人。2021年末集团实现营业收入首次迈上400亿元台阶，利润总额68.4亿元，归属集团净利润26.6亿元。

（二）产业工人队伍建设改革推进情况

自中央、省委产改工作启动以来，集团公司党委高度重视，坚持目标导向、问题导向、效果导向，聚焦思想政治引领、素质提升、权益维护等重点工作任务，推动垦区产改工作不断引向深入。一是突出党委统领抓产改。集团公司将产改工作纳入党委重要工作内容和全面从严治党考核范畴，考核结果与企业争先评优、领导班子建设、绩效薪酬挂钩。同时按照有关工作要求，及时成立了江苏农垦产业工人队伍建设改革领导小组，由集团党委副书记任组长、集团工会主席任副组长，领导小组下设办公室在集团工会，负责垦区产改方案的协调推进和贯彻落实，构建起党委统一领导、工会牵头推进、各单位（部门、企业）统筹推进的产业工人队伍建设改革工作格局。二是突出

试点先行抓产改。集团工会切实履行牵头协调的工作职责，坚持分类指导抓落实，针对垦区不同产业、不同企业产业工人队伍实际，系统谋划、试点探路，以点带面、整体推进。2020 年选择在主要行业和重点企业率先开展产改试点。2021 年全覆盖纵深推进产改工作扩面建制，推动垦区各单位全部制定出台产改实施意见或方案。三是突出营造氛围抓产改。总结推广产改“点”上的经验做法，集团公司党委、工会分别召开了江苏农垦产业工人队伍建设改革推进会、座谈会，及时总结产改中好的经验做法，认真剖析垦区产改工作存在的共性问题、普遍问题和突出问题，提出针对性的改进措施，不断提高推进产业工人队伍建设改革的思想自觉、政治自觉、行动自觉。加大对产改“面”上的宣传力度，充分发挥《江苏农垦人》报、江苏农垦信息网等垦区主流宣传媒体和阵地作用，积极营造关心、支持、推动改革的良好氛围。

（三）推进产业工人队伍建设改革成效及思考

1. “领思想”，把教育引导产业工人听党话、跟党走作为首要任务。推进产业工人队伍建设改革，首要任务是加强思想政治引领，最广泛、最紧密地把垦区产业工人团结凝聚在党的周围，不断巩固党执政的阶级基础和群众基础。坚持用理想信念引导职工。在垦区开展庆祝建党 100 周年系列活动，“中国梦·劳动美”、“建功新时代、永远跟党走”等主题宣教，不断增强垦区职工群众家国情怀，坚定永远跟党走的理想信念，教育引导广大职工坚定捍卫“两个确立”、切实做到“两个维护”，始终在思想上政治上行动上同以习近平同志为核心的党中央保持高度一致。大力弘扬劳模精神、劳动精神和工匠精神。在垦区营造尊重劳动、崇尚创造的良好氛围，积极选树和培育各级劳模先进，累计评选表彰江苏农垦劳模 100 名，选树两届创业创新模范 36 名。广泛宣传劳模工匠先进事迹，通过召开表彰会、事迹报告会、编印风采录等形式，指导基层工会用职工身边人、身边事，讲好劳模故事、传递苏垦能量，把榜样力量转化为职工群众的生动实践，让辛勤劳动、诚实劳动、创造性劳动成为广大职工群众的自觉行为。切实把思想政治引领融入服务职工工作。聚焦主责主业，把思想政治引领贯穿于工会工作和群众工作全过程，不断提升职工思想政治工作实效性。组织各级工会通过深入开展“大调研、大走访、大慰问”活动，定期向集团党委报告垦区职工思想动态状况。建立职工群众诉求日常表达机制，确保职工群众诉求得到及时回复和有效解决。全年累计服务困难职工 2886 人次，为职工办实事 584 次。拓宽优秀产业工人发展通道。推行管理、技术和技能“三线”成长的发展通道。加大在一线优秀职工中发展党员和选拔干部，2021 年垦区新发展党员中在岗党员、一线优秀职工党员占比达 69%，1 名优秀产业工人提拔为集团二级企业副总经理，1 名一线技术工人荣获江苏农垦第四届人才突出贡献奖。

2. “聚合力”，把促进产业工人素质提升作为关键环节。加快培育知识型、技能型、创新型劳动大军，打造一支高素质职工技能人才队伍，是推动企业高质量发展的重要支撑和保证。加大技术创新激励力度。推动集团公司“人才新政 12 条”落地。近两年集团党委对垦区企业获得的 8 个省级科学技术进步奖、245 项国家实用新型专利和发明专利、主持编写的 15 项行业标准等科技创新成果予以表彰奖励，累计发放奖励 1002 万元。加强技能人才培育选树。发挥工会“大学校”作用，常态化举办农业种植、畜禽养殖、水产养殖、商贸服务、农机操作等实用技术培训，每年参培职工达 4 万人次左右。制定《江苏农垦“首席农艺师”、“首席工程师”、“首席技师”评选聘任管理实施方案》，目前有 49 人获评江苏农垦首席技师、农艺师和工程师。广泛开展劳动和技能竞赛。持续组织开展“建功‘十四五’、奋进新征程”、玉米大豆带状复合种植等群众性劳动竞赛。2021 年全年举办各类劳动竞赛 217 项次、参与职工 17977 人次。着力提升职工技能素养，先后举办了农机技能、检验技能（医药）、汽车维修服务技能等一批富有江苏农垦特色的职工技能竞赛。深化群众性技术创新活动。引导和组织广大职工参与科技创新活动，出台《江苏省农垦示范性职工创新工作室建设实施办法》、《江苏省农垦职工创新成果奖评选表彰办法》，命名 22 个“江苏农垦劳模创新工作室”。鼓励职工立足本职、岗位创新，开展垦区职工优秀科技创新成果评选，收到近三年各类职工科技创新成果 44 项，15 个项目荣获江苏农垦职工优秀科技创新成果奖。发挥垦区产业工人助力乡村振兴作用。发挥垦区产业工人技术优势，积极探索“谁来种地、怎样种地”的江苏农垦方案，在对外帮扶中做好农业技术、农机作业、农产品收购等服务，全面推进“精准化帮扶、产业化路径、市场化操作”产业帮扶举措。2020 年开展新品种、新技术培训 40 余场次，为结对帮扶村培训农民 1530 人次。

3. “强保障”，把维护产业工人合法权益作为重要责任。始终坚持以职工为中心的工作导向，努力推动企业与职工价值共创、成果共享、发展共赢。建立健全职工权益维护制度机制。落实以职工代表大会为基本形式的企业民主管理制度，制定《江苏省农垦企业职工代表大会运行规程》、《职工代表述职与民主评议实施办法》、《江苏农垦职工代表巡视活动实施细则》，切实保障广大职工知情权、参与权、监督权、表达权。授予 10 家单位江苏农垦职代会建设示范单位称号，全面推进企业落实工资集体协商制度、女职工特殊权益保护专项集体合同制度，推动企业构建和谐劳动关系。扎实推进困难职工脱贫解困。建立和完善帮扶工作的落实、考核和资金管理机制。“十三五”以来投入精准帮扶资金和大病互助资金达 6000 万元，垦区共计脱贫困难户 1809 户、4550 人，建立了常态化帮扶机制和防止返贫动态监测即时帮扶机制。推进大病互助全覆盖。制定了《江苏农垦职工大病互助基金暂行管理办法》，垦区 39 家单位全部建立了大病互助基金，从 2020 年以来总计发放互助补助 850 万元、惠及职工居民 3100 人次。持续加强民生改善。“十三五”以来每年投入自有资金 4 亿元以上，用于农场生活污水处理、垃圾处理、厕所改造、绿化亮化、河道驳岸等民生项目，改善场域基础设施，促进垦区居民生产生活生态环境持续向好，社区治理现代化水平显著提高，职工群众获得感、幸福感、安全感不断提升。

思考题：

1. 推进新时代产业工会工作创新发展有哪些重要意义？

2. 推进新时代产业工会工作创新发展的主要原则和目标任务是什么？

3. 如何健全完善产业工会组织体系？

第五章　加强产业工会自身建设

加强产业工会自身建设，要以加强产业工会党的建设为统领，坚持以习近平新时代中国特色社会主义思想为指导，深入学习贯彻党的二十大精神，对产业工会在服务党和国家工作大局和工会工作全局中的重要作用始终保持清醒认识，以更高的政治站位看待产业工会工作。

要深刻领会政治性的要求，始终把政治性放在工会工作第一位，自觉坚持党的领导，保持政治清醒、增强政治定力，严守政治纪律和政治规矩，在思想上政治上行动上同以习近平同志为核心的党中央保持高度一致。要深刻领会先进性的要求，紧紧围绕党和国家工作大局，组织动员广大职工群众在改革发展稳定的第一线建功立业，在培育和践行社会主义核心价值观中汇聚磅礴力量。要深刻领会群众性的要求，牢固树立马克思主义群众观点，认真贯彻党的群众路线，坚持以职工为本，深入组织职工、宣传职工、教育职工、服务职工，引导职工群众自觉做坚持中国道路的实践者、弘扬中国精神的示范者、凝聚中国力量的主力军，动员亿万职工满怀信心投身于为实现中国梦而奋斗的火热实践，形成万众一心、众志成城的磅礴力量。

第一节　加强产业工会政治建设

政治性是工会组织的灵魂，是第一位的。要把加强产业工会的政治建设放在首位，牢牢把握产业工会正确的政治方向，自觉服从服务于党和国家工作大局以及工会工作全局，切实履行职责，忠诚党的事业，服务职工群众，为加强和改进工会自身建设奠定坚实的思想政治基础。

一、坚持党的领导，确保产业工会工作的正确政治方向

中国产业工会是中国共产党领导的产业职工群众组织，具有高度的政治性、鲜明的阶级性、广泛的群众性，与西方产业工会有着本质的区别。坚持中国共产党的领导，是产业工会必须坚持的正确政治方向，也是产业工会工作的优良传统。

坚持正确的政治方向，必须坚持自觉接受党的领导。中国共产党是中国工人阶级的先锋队，同时是中国人民和中华民族的先锋队，是中国特色社会主义事业的坚强领导核心，也是中国工运事业的坚强领导核心。坚持党的领导是做好产业工会工作的根本原则和政治保证，各级产业工会必须始终不渝地遵循，任何情况下都不能动摇。要深刻领悟“两个确立”的重要意义，牢固树立“四个意识”，坚决做到“两个维护”，始终在思想上政治上行动上同以习近平同志为核心的党中央保持高度一致。要认真研究产业职工队伍的新情况、新变化，把思想政治工作贯穿于各种活动之中，切实承担起引导产业职工群众听党话、跟党走的政治责任，坚持和拓展中国特色社会主义工会发展道路。

坚持正确的政治方向，必须深入抓好科学理论武装。习近平新时代中国特色社会主义思想是马克思主义中国化最新成果，是中国特色社会主义理论的重要组成部分，是全党全国人民为实现中华民族伟大复兴而奋斗的行动指南。产业工会要切实强化习近平新时代中国特色社会主义思想在工会工作中的指导地位，自觉用习近平新时代中国特色社会主义思想武装头脑，紧紧围绕学习贯彻习近平新时代中国特色社会主义思想这条主线，

坚持走中国特色社会主义工会发展道路，确保产业工会工作正确政治方向，着力筑牢带领广大产业职工听党话、跟党走的思想基础。

坚持正确的政治方向，必须切实增强政治敏锐性和政治鉴别力。要立足我国国情、会情，充分认识中国产业工会的特点，正确认识和把握中国产业工会与西方产业工会的本质区别和显著不同，警惕敌对势力西化、分化图谋，绝不允许出现“独立工会”或“第二工会”。

二、强化“四个意识”，自觉服从服务于全党全国工作大局及工会工作全局

党确定的一个特定历史时期的奋斗目标、中心任务以及为实现这一目标任务所制定的路线纲领、大政方针、战略部署和重大决策，是决定民族命运、国家前途的大局。产业工会只有把自身的工作与党领导的伟大事业紧密联系在一起，强化“四个意识”，找准工作的结合点和着力点，团结动员产业职工群众为完成党的中心任务贡献力量，才能代表产业职工群众，充分发挥作用，成为推动历史前进的积极力量。

服从服务于大局，必须首先了解和把握大局。产业工会要紧紧围绕党的二十大战略部署，把拥护“两个确立”、践行“两个维护”体现到贯彻党中央决策部署的行动上，体现在履职尽责、做好本职工作的实效上，进一步提高政治判断力、政治领悟力、政治执行力。要全面贯彻习近平新时代中国特色社会主义思想，与学习贯彻习近平总书记关于工人阶级和工会工作的重要论述结合起来，始终保持工会工作正确政治方向。

服从服务于大局，必须围绕大方向来谋划和开展产业工会工作。一方面，各级产业工会组织要严格遵守党的政治纪律和政治规矩，坚决贯彻落实中央的大政方针和全国总工会的各项

部署要求，做到令行禁止；另一方面，要注意从产业发展实际和产业工会工作实际出发，把中央的大政方针和全国总工会的各项部署转化为具体的工作思路，找准切入点和着力点，创造性地抓好落实。

服从服务于大局，要着力在发挥产业工会自身优势上下功夫。要发挥熟悉产业情况的优势，积极为产业经济发展建言献策，为产业改革发展营造良好的发展环境，努力促进产业经济发展。要发挥贴近职工的优势，牢牢把握团结奋斗的时代要求，加强思想政治引领，深入开展主题宣传教育，团结引导广大职工坚定不移听党话、矢志不渝跟党走。要充分发挥工人阶级主力军作用，牢牢把握我国工人运动时代主题，大力弘扬劳模精神、劳动精神、工匠精神，广泛深入持久开展劳动和技能竞赛，组织动员亿万职工建功立业。要坚持以人民为中心的发展思想，贯彻全心全意依靠工人阶级方针，认真履行维权服务基本职责，不断增强职工群众的获得感、幸福感、安全感。要深入贯彻总体国家安全观，推动构建和谐劳动关系，以实际行动把“五个坚决”要求落到实处。要持之以恒把产业工人队伍建设改革和工会改革引向深入，当好职工群众的“娘家人”、“贴心人”。

三、强化责任担当，增强做好新时代产业工会工作的使命感和紧迫感

在我国革命、建设、改革的历史进程和中国工运事业发展过程中，产业工会作出了不可磨灭的贡献。在坚持走中国特色社会主义工会发展道路的伟大征程中，产业工会责任重大、使命光荣、任务艰巨。产业工会干部必须牢记重托，不辜负广大产业职工群众的期望，强化责任担当，以对党和产业职工群众高度负责的态度，努力做好新时代产业工会工作。

强化责任担当，首先要认清自己的职责。要深入研究和积

极适应产业改革发展的新任务、产业劳动关系的新特点、产业职工群众的新期待，正确认识和把握产业工会在推动产业高质量发展、维护产业职工群众合法权益、促进产业职工队伍建设等方面所担负的重要职责。

强化责任担当，关键是要不折不扣地履行好自己的职责。要自觉践行“忠诚党的事业、服务职工群众”的职业操守，热爱中国工运事业，热爱正在从事的产业工会工作，热爱为之服务的广大产业职工群众，不计较名利，守得住清贫，保持执着，为推动产业高质量发展、维护产业职工群众合法权益努力工作。要认真履行产业工会的各项职能，千方百计完成所承担的各项工作任务。要敢于担当，特别是要旗帜鲜明地维护中国工人阶级和工会组织的团结和统一，旗帜鲜明地维护广大产业职工群众的合法权益。

强化责任担当，还必须努力提高履行责任的能力。要与时俱进地加强产业工会干部的能力建设，加大实践锻炼和教育培训的力度，努力掌握社会主义市场经济条件下产业工会工作规律，增强群众工作本领，加强运用科学理论和专业知识分析解决实际问题的能力，真正成为产业工会工作的行家里手。

四、提升服务水平，更好地为产业职工群众和基层服务

不断提升产业工会服务水平，建设服务型产业工会组织，不仅是产业工会组织的性质体现，也是产业工会坚持走中国特色社会主义工会发展道路的客观要求。产业工会干部要牢固树立以人民为中心的发展思想，树立全心全意为人民服务的宗旨意识，把服务产业职工群众、服务基层作为产业工会工作的出发点和落脚点，争做服务型工会干部。

提高服务意识，必须全力为产业职工群众服务。产业工会干部要不断增强群众意识，努力增进与职工群众的深厚感情，

时刻把职工群众的安危冷暖放在心上，把他们关注的难点和热点作为工会工作的重点，站在职工群众立场谋划工作，多从职工群众需求开展工作，为产业职工办实事、做好事、解难事，促进产业劳动关系和谐和产业职工队伍稳定，把产业工会建设成为名副其实的“产业职工之家”。

提升服务水平，必须坚持工作重心下移。要坚持从基层的需要中去定思路，从基层的热点、难点中去定重点，从基层的经验中去找办法，从基层的评价中去找差距。只有牢固树立为基层服务的意识，才能使产业工会更贴近基层实际和职工群众；才能使产业工会的工作安排具有更强的针对性和可操作性，对基层的指导更具体、明确；才能更为及时地获取基层信息，研究确定产业工会工作重点，准确有效地表达和维护本产业职工的权益，努力克服产业工会机关化、行政化的倾向。

提升服务水平，必须努力提高新形势下产业工会的服务能力和工作水平。各级产业工会要积极探索新形势下产业工会服务全局、服务基层和服务职工的有效途径，畅通服务渠道，创新服务方式，密切与基层和职工群众的联系，使产业工会工作真正反映基层和职工的愿望，推动解决产业职工最关心、最直接、最现实的利益问题，不断提高产业工会工作整体水平。

提升服务水平，必须坚持工会领导机关干部赴基层蹲点工作长效机制。2021 年 12 月，全国总工会下发了《关于建立健全工会领导机关干部赴基层蹲点工作长效机制的意见》。意见明确提出，自 2022 年起，全国总工会、省级和市级总工会机关每年选派 3%到 5%的干部赴基层蹲点，蹲点范围主要是未建工会、工会工作比较薄弱、劳动关系情况比较复杂单位所在地的乡镇（街道）、开发区（工业园区）工会和县级以下区域性、行业性工会联合会，选派机关工会干部蹲点开展工作。要求把蹲点过程作为深入调查研究的过程，针对工会工作中面临的突出问题、职工群众普遍关心的热点难点问题，每年至少确定 1 项蹲点工作重点调研课题。同时建立问题解决机制，及时总结梳理蹲点中发现的问题，通过会商研判，谋划解决问题的思路举措。建立为职工办实事清单制度，协助做好送温暖等工会品牌活动，利用重要时间节点，走访慰问困难职工、劳动模范和工匠人才代表，把党和政府的关怀送到职工心坎上。建立风险隐患专项排查和报告制度，拓宽职工意见表达渠道，通过多种有效方式倾听基层意见和职工呼声，对涉及职工队伍稳定和劳动领域政治安全等方面的苗头性倾向性问题，要进行梳理排查，第一时间向当地工会和上级工会报告，提出对策建议，及时防范化解风险隐患。

五、巩固深化党史学习教育成果，不断开创党的工运事业和工会工作新局面

在全党开展党史学习教育，是党中央立足百年党史新起点、着眼开创事业发展新局面作出的一项重大战略决策。习近平总书记关于党史学习教育的一系列重要论述，对树立正确党史观、大历史观，把握党的历史发展的主题主线、主流本质具有重要指导意义，是总结、巩固、拓展党史学习教育的重要遵循。各级产业工会在党史学习教育中，广大党员干部坚持学史明理、学史增信、学史崇德、学史力行，从回顾党的百年奋斗历程中汲取智慧力量，深入学习党的创新理论最新成果，深刻感悟思想伟力，坚定了践行“两个维护”的政治自觉，传承了红色血脉的理想信念，厚植了人民至上的深厚情怀，进一步增强了历史自信、理论自觉、政治意识、宗旨意识，激发了干事创业的奋斗热情和责任担当。

各级产业工会要深刻理解习近平总书记重要论述的精神实质，与学习贯彻习近平总书记关于工人阶级和工会工作的重要

论述结合起来，深刻领悟“两个确立”的决定性意义，增强“四个意识”、坚定“四个自信”、做到“两个维护”，始终在思想上政治上行动上同以习近平同志为核心的党中央保持高度一致。要按照党史学习教育总结会议要求，认真研究制定常态化、长效化制度机制，把党史学习教育的成果巩固好、拓展好。要深入学习贯彻习近平新时代中国特色社会主义思想，在真学真信真用上下功夫，把“两个确立”转化为“两个维护”的实际行动；要履行团结引导广大职工听党话、跟党走的政治责任，加大政治动员、政治引领、政治教育力度，筑牢广大职工团结奋斗的共同思想基础；要始终做到不忘初心、牢记使命，大力弘扬伟大建党精神，推动工会系统党的建设高质量发展；要努力做好新时代工会工作，扎实履行维权服务基本职责，团结动员亿万职工在全面建设社会主义现代化国家新征程上建功立业。

各级产业工会要抓好理论学习教育，促进“我为群众办实事”活动。做到学深悟透弄懂做实，着力克服理论学习和业务工作“两张皮”的问题。尤其要总结党史学习教育经验做法，从党史中汲取营养，深入学习党在不同历史时期反对形式主义的做法和启示，大力弘扬理论联系实际的优良作风，建立“我为群众办实事”活动长效机制，把党史学习教育成效落实到不断健全完善联系服务职工长效机制上来，落实到加强和改进工会工作上来，落实到实现职工对美好生活的向往上来。要强化责任担当，以行动进一步践行初心和使命。坚持抓党建、带队伍、促业务，充分调动干部干事创业、担当作为的积极性。

第二节　加强产业工会组织建设

加强产业工会的组织建设，认真贯彻落实中共中央关于群团改革的重要指示精神，按照全国工会深化改革创新要求和有关组织原则，在调整改善产业工会全委会、常委会成员结构，增设兼职副主席，提高产业工会领导机构组成人员的广泛性和代表性，建立完善代表委员参与决策、发挥作用的机制等方面下功夫，切实加强产业工会组织建设。

一、加强产业工会组织机构建设

（一）积极吸收劳动模范和一线职工进入产业工会领导机构

积极吸收劳动模范和一线职工进入各级产业工会领导机构，有利于更好地体现工会性质，发挥工会联系职工群众桥梁纽带作用；有利于形成正确的用人导向，更好地发挥劳动模范的示范带头作用，充分调动广大职工群众的积极性、主动性、创造性；有利于增强工会干部队伍的广泛性、代表性，优化工会干部队伍结构，提高工会工作科学决策和民主决策水平，防止和克服工会组织脱离群众现象。

吸收进入各级产业工会领导机构的劳动模范和一线职工，应坚持中国特色社会主义工会发展道路，具有较高的政治理论水平和良好的政治素养，热心工会事业和工会工作，知职工、懂职工、爱职工，受到职工群众拥护，具有较强的议事能力和群众工作本领。从劳动模范和一线职工中选拔产业工会干部工作，要坚持在各级党组织的统一领导下开展。

（二）注重吸收新兴产业、有代表性的非公有制企业的工会负责人进入产业工会

我国经济发展新常态特征更加明显，产业经济结构深刻调整，传统产业在改造中提升，新技术、新产业、新业态蓬勃发展，为产业发展带来巨大活力。同时，非公有制经济是我国国民经济的重要组成部分，当前，非公有制经济企业正在成为经济转型升级的重要力量，成为助力供给侧结构性改革活力的重

要源泉。积极吸收新兴产业、有代表性的非公有制企业的工会负责人进入产业工会，是扩大产业工会覆盖面、增强产业工会代表性、发挥产业工会工作影响力的必要保证。

（三）建立完善代表委员参与决策、发挥作用的机制

代表委员是产业工会委员会的组织基础。增强委员和代表意识，履行好委员职责，是推进产业工会工作发展的重要保证。代表委员要认真贯彻落实委员会确定的重点工作任务，结合实际，打造和推广带有行业特色的工作品牌、典型经验，及时报告重点工作开展情况，反映企业和职工群众的愿望和呼声。要支持鼓励代表委员充分发扬民主，积极发表意见和建议，通过各种形式对全会工作建言献策。要鼓励支持委员之间加强联系，就地区和行业具有共性的问题共同开展研究、协力加以解决。着力体现联合制、代表制要求，完善上下联动、共抓典型、推动全局的工作机制。

二、加强产业工会领导班子和干部队伍建设

党的二十大报告明确提出要“深化工会、共青团、妇联等群团组织改革和建设，有效发挥桥梁纽带作用”。贯彻落实党的二十大精神，产业工会组织要加强新时代产业工会干部队伍建设，充分激发广大产业工会干部的工作热情和担当精神，努力完成好党的二十大赋予的使命任务。

一是完善工会干部思想政治教育机制。教育引导广大产业工会干部深刻领悟“两个确立”的决定性意义，进一步增强“四个意识”，坚定“四个自信”，做到“两个维护”，更加紧密地团结在以习近平同志为核心的党中央周围，深刻把握习近平新时代中国特色社会主义思想的世界观和方法论，切实把思想和行动统一到党的二十大精神上来。二是构建工会干部育选管用工作体系。改进完善干部考察制度机制，将政治标准作为选

人用人第一标准，把政治忠诚、政治定力、政治担当、政治能力、政治自律放在首要位置，把好干部标准落到实处。完善干部考核评价体系，探索建立管思想、管工作、管作风、管纪律的干部管理机制，着力打造信得过、靠得住的工会干部队伍。三是搭建工会干部培训锻炼平台。健全完善工会干部培训体系，分层分类培训干部。积极开展“县级工会加强年”专项工作，持续深化工会领导机关干部基层蹲点活动，不断增强工会干部推动高质量发展本领、服务群众本领、防范化解风险本领。加强培养年轻干部工作，源源不断选拔使用经过实践考验的优秀年轻干部。四是探索建立关心关爱工会干部的工作机制。建立健全工会干部干事创业激励机制，正确运用容错纠错机制，注重对工会干部的人文关怀，激励广大工会干部强化使命担当、扎实履职尽责，奋发有为，勇毅前行，在全面建设社会主义现代化国家、全面推进中华民族伟大复兴中作出应有贡献。

产业工会干部自身应努力具备较高判断形势能力、适应市场经济能力、应对复杂局面能力、服务大局能力、依法办事能力，真正成为熟悉产业经济发展、产业职工队伍、产业劳动关系的行家里手。牢固树立高瞻远瞩的全局意识、科学缜密的决策意识、反应灵敏的信息意识、适应变化的创新意识，不断增强对工运事业的责任心和使命感，努力做好新时代的产业工会工作。

第三节　加强产业工会作风建设

作风建设是形象，是凝聚产业工会干部力量、加强和改进新时代产业工会工作的重要保证。各级产业工会要把加强产业工会干部的作风建设放在更加突出的位置来抓，大兴勤奋学习之风、调查研究之风、求真务实之风、密切联系职工群众之风、廉洁自律之风，以优良作风推动产业工会工作不断开创新局面。

一、大兴勤奋学习之风

（一）重视学习、善于学习

习近平总书记强调，高度重视学习、善于进行学习，是我们党的优良传统和政治优势，是我们党保持和发展先进性、始终走在时代前列的重要保证，也是领导干部健康成长、提高素质、增强本领、不断进步的重要途径。我们处在前所未有的变革时代，干着前无古人的伟大事业，如果知识不够，眼界不宽，能力不强，就会耽误事。在经济全球化、信息化加快发展的背景下，产业的发展形势错综复杂，新情况、新问题层出不穷，知识更新不断加快，工作领域越来越宽，涉及范围越来越广，工作对象也有很大变化，对产业工会工作提出新的挑战，对产业工会干部的理论政策水平和业务能力提出了更高的要求，需要我们加强理论政策和业务知识学习，提高做好产业工会工作的能力和水平。

要善于学习。要把向书本学习和向基层学习、向群众学习、向实践学习紧密结合起来，不断完善学习方法、扩展学习载体、丰富学习内容，有计划、有步骤、有系统地进行学习。要围绕工会干部的个人能力和综合素质的提高，立足当前，着眼长远，注重紧密结合产业工会工作实际，有针对性地开展学习。要带着问题去学习，学会在学中用、在用中学、边学边用、学用结合。做到真学、真懂、真信、真用。要将化解矛盾、解决问题作为学习的根本目的，努力转化学习成果，提高学习的实效性。

（二）大力推进学习型产业工会组织建设

各产业工会要深入开展“大学习”活动，着力提高工作本领。产业工会工作政策性强、涉及面广，面临许多新情况新问题，对推进产业工会工作提出了许多新的更高要求。需要我们加强理论政策和业务知识学习，切实提高做好产业工会工作的能力和水平。各级工会特别是产业工会要加强理论学习，坚持以习近平新时代中国特色社会主义思想为指导，学习贯彻习近平总书记关于工人阶级和工会工作的重要论述，不断强化理论武装。要加强政策学习，学习贯彻党和国家有关产业发展的重要决策部署，把党中央要求贯彻落实到产业工会工作全过程。要加强业务学习，结合工作需要系统学习与产业工会工作相关的各项业务知识。

要建立和完善促进学习、保障学习的长效机制，建立健全符合实际、行之有效的学习制度，促进学习科学化、规范化、制度化。要创新工作思路，善于利用现代工具和科技手段，搭建学习平台，共享学习资源，优化学习载体，进一步在产业工会系统内营造浓厚的学习氛围。要不断加大投入，整合教育资源，丰富学习模式，健全培训制度，保证学习的针对性和实效性。要建立学习制度，运用专题学习会、辅导讲座、报告会、学习班等途径和载体，将专题学习与产业工会业务培训、职工读书活动结合起来，开展学习交流、学习体会征文等活动，扩大学习范围，提高学习实效。要建立学习考核评价制度和激励约束机制，提高产业工会干部的学习动力，确保学习全员化、常态化，建设学习型产业工会组织。

（三）认真学习理论和各有关业务知识

要结合产业工会工作实际，重点抓好以下三个方面知识学习。

一是认真学习中国特色社会主义理论体系。党的十八大以来，习近平总书记从理论和实践结合上系统回答了新时代坚持和发展什么样的中国特色社会主义、怎样坚持和发展中国特色社会主义等一系列重大时代课题，形成了习近平新时代中国特色社会主义思想。各级产业工会要加强理论学习，深入学习贯彻习近平新时代中国特色社会主义思想，牢牢把握为实现中华民族伟大复兴中国梦而奋斗的时代主题，在服务大局中明确政治站位，在聚焦主业中把握职责定位，在稳中求进中积极主动作为，不断强化理论武装，推进工会理论与实践创新发展，团结动员亿万职工以劳动托起中国梦。

二是认真学习中国特色社会主义工会发展道路理论体系。要通过学习，正确认识和把握这条道路揭示的中国工会的历史使命、本质特征、政治保证、理论指导、基本职责等重大问题，正确认识和把握这条道路的核心、根本、关键，正确认识和把握贯穿于这条道路的马克思主义立场、观点和方法。要通过学习，进一步深化对建设什么样的社会主义、怎样建设社会主义，建设什么样的党、怎样建设党，实现什么样的发展、怎样发展，新时代坚持和发展什么样的中国特色社会主义、怎样坚持和发展中国特色社会主义等一系列重大问题的认识。

三是认真学习与产业工会工作相关的政治、经济、法律等专业知识。结合工作需要，系统学习与产业工会工作相关的宏观经济、劳动关系和企业管理方面的知识，学习与做好本职工作相关的新知识新技能，了解产业发展规律，特别是要了解本产业生产方式的主要特点，本产业的发展规划、发展目标，行业的主要工艺流程；掌握本产业的生产经营形势以及在经济结构调整中的地位和发展趋势；掌握本产业的企业类型、企业结构以及不同类型企业的生产经营概况和劳动关系的主要特点；熟悉本产业的产业政策，特别是涉及产业职工各项劳动经济的相关政策；掌握本产业主要的劳动标准，熟悉本产业企业就业状况、主要分配形式、劳动安全卫生状况；掌握本产业改革改制的总体情况、在不同发展时期的主要问题及其对劳动关系的影响；熟悉本产业企业管理的概况和特点；熟悉本产业职工的生活环境、劳动经济权益实现的总体情况及其存在的主要问题；了解本产业职工群体的基本状况以及职工在不同时期突出的利益诉求和主要呼声，把握产业工会工作特点，努力成为熟悉产业经济发展、产业职工队伍、产业劳动关系的行家里手。

二、大兴调查研究之风

（一）深化思想认识，提高调查研究的主动性

习近平总书记深刻指出，调查研究是我们党的传家宝，是做好各项工作的基本功。坚持一切从实际出发，是我们想问题、做决策、办事情的出发点和落脚点。要在全党大兴调查研究之风，推动全党崇尚实干、力戒空谈、精准发力，让改革发展稳定各项任务落下去，让惠及百姓的各项工作实起来，推动党中央大政方针和决策部署在基层落地生根。深入开展调查研究，是产业工会的一项重要的基础性工作，是产业工会干部认真履行职责的需要，是维护职工合法权益、适应新时代产业工会工作的需要。当前，我国经济结构、产业结构发生深刻调整，产业职工队伍发生深刻变化，这些都对加强和改进产业工会工作提出了新课题、新挑战，迫切要求产业工会比以往任何时候都要更加重视调查研究工作。要进一步增强开展调查研究的自觉性，把产业工会各项工作的开展建立在深入调查研究的基础上。

（二）围绕工作大局，提高调查研究的针对性

要紧紧围绕产业工会工作大局，有的放矢地开展调查研究工作。着重围绕产业工人队伍建设，特别是思想政治建设、技术技能素质建设、组织建设等重点，努力掌握产业发展面临的宏观形势变化、产业结构调整的趋势，分析研究本产业职工队伍建设的基本情况，总结产业工会在提升产业职工素质、维护产业职工权益、畅通产业职工成长渠道等方面的经验做法，查

找存在的问题与原因，提出加强产业工人队伍建设改革的对策建议。要紧扣本系统、本行业产业工会工作现状，围绕服务产业发展、服务职工群众，有目的、有针对性地开展调查研究。要加强对改革、发展、稳定中亟待解决的重大问题的调查研究，加强对职工群众关心、关注的社会热点问题的调查研究，加强对全局性、战略性、前瞻性等重要问题的调查研究。

（三）坚持实事求是，提高调查研究的科学性

要坚持眼睛向下、脚步向下、扑下身子沉到一线，深入基层、深入企业、深入职工群众、深入实践开展调查研究工作，力戒形式主义、官僚主义。要善于从个性问题中发现共性问题，从特殊性问题中找出普遍性问题。要注重方式方法的创新，在运用座谈会、个别访谈、实地考察和蹲点调查等传统方法的同时，注重利用现代信息技术手段，运用定性与定量结合、宏观与微观结合、静态与动态结合等方法进行综合分析研究，切实提高调查研究的效率和水平。要善于借助政府部门、行业协会、科研院校等社会资源，同时重视调研成果的转化和应用，充分运用调研成果，进行高层次的源头参与、宏观维护和指导工作。

（四）通过开展“大调研”，着力破解问题难点

调查研究是为了解决问题。各级产业工会要围绕工会工作全局，结合全国总工会机关和工会系统干部赴基层蹲点活动，深入一线听真话、察真情，掌握第一手资料，把本产业发展状况、产业职工队伍和劳动关系状况搞清楚，着重了解在组织职工建功立业、提升素质、维权服务、工会组建等方面的工作进展，在深入分析思考上下功夫，真研究问题、研究真问题，查找存在的问题与原因，提出具有指导性、针对性、时效性的措施办法，为做好工作提供决策依据。

（五）加强产业工会理论性、实践性问题专题研究

要结合全国总工会五年一次的职工队伍状况调查以及各产业工会开展的调研成果，注重调研成果转化应用，研究借鉴国外产业工会有益的经验做法，探索新发展阶段产业工会共有的特点和规律，在法律制度建设等方面提出科学、可行的政策建议，不断掌握工作的主动权。各级产业工会领导班子要发挥带头作用，到分管和联系的产业工会开展调查研究，做到在源头参与、沟通协商、指导基层时，能够说得上、讲得准、有分量，保持充分的话语权。

三、大兴求真务实之风

求真务实，是辩证唯物主义和历史唯物主义一以贯之的科学精神，是党的思想路线的核心内容，也是党的优良传统和共产党人应该具备的政治品格。做好新时代产业工会工作，必须始终坚持求真务实。

（一）深入一线抓好工作落实

全国产业工会和各级地方产业工会不同于企业工会，都不同程度地具有工会领导机关的性质。要牢固树立服务一线的意识，把服务基层企业、服务产业职工作为产业工会一切工作的出发点和落脚点。坚持从一线的需要中去定思路，从一线的热点、难点中去找重点，做到情况到一线了解、问题到一线解决，感情到一线融洽、工作到一线落实。只有时刻保持与一线的密切联系，才能使产业工会工作更贴近企业实际和职工群众，工作安排具有更强的针对性和可操作性，对基层企业的指导更具体、明确，更为及时地提出更具行业性、专业性的维权工作重点，准确有效地表达和维护产业职工的权益。

（二）脚踏实地办实事

要求真务实，不搞花架子，不搞形式主义，在调查研究的

基础上，探索事物发展的规律性，找出解决实际问题的思路和办法。要坚持实事求是的原则，切忌弄虚作假、欺上瞒下，说假话、空话、大话、套话，要真实反映基层的情况和职工群众所思所想、所忧所盼。要充分发挥产业工会对产业情况熟悉、联系职工群众紧密、服务经济建设作用直接的优势，坚持深入实际、深入基层、深入职工群众，了解社情民意，掌握服务产业发展、服务职工群众的方法。要把更多的人力、物力、财力用在基层和职工群众身上，真正把服务职工、服务群众落到实处，把基层的生机和活力充分激发出来。

（三）扎实苦干务求工作实效

要坚持奋发向上、百折不挠的精神，弘扬勤俭节约、艰苦奋斗的作风，努力克服形式主义、官僚主义和机关化、行政化、贵族化、娱乐化倾向，把更多的精力用在察实情、办实事上，坚持讲实话、报实情、出实招、重实干、求实效，坚持为基层工会和广大产业职工做实事、办好事、解难事。要从不同行业（产业）的特点出发，围绕行业的突出问题和职工群众的利益诉求，依法大力维护职工的劳动经济权益，推动行业健康、协调、可持续发展。

（四）深入开展“大走访”、“大交流”活动，着力形成工作合力

做好产业工会工作是一个系统工程，既需要产业工会挖掘自身潜力，尽心履职尽责，也需要加强与产业行业和政府及有关部门的沟通协调，争取他们对产业工会工作的更多支持。

各级产业工会要充分用好产业工会与对口行政、协会的联席会议等制度和机制，利用灵活多样的方式，加强与产业所属行政、行业协会的沟通联系，加强联系合作，强化协调互动，增进相互了解，争取加大支持。不同产业工会之间要加强交流互鉴，深入开展“大交流”活动，着力强化互学互鉴。长期以

来，各级产业工会开展了具有各自特色、形式多样的工作，在加强思想政治引领、开展行业劳动和技能竞赛、推进产业工人队伍建设改革等方面都积累了成功经验。加强经验分享、交流互鉴，是我们开展工作行之有效的做法。不同行业虽然产业发展状况、职工需求有所不同，但在完善组织体系、加强自身建设、健全工作机制、优化工作方式等方面存在很多共同点，各级产业工会要针对同一产业行业内经验做法和困难问题比较接近、共性情况较多的特点，建立交流和信息共享机制，组织开展参观、互访、培训、交流等活动，把实践中积累的一些典型经验做法，总结交流好、宣传推广好，以点带面、举一反三，充分发挥典型引路和示范带动作用，把一些好做法好经验上升为普遍实行的机制安排。

四、大兴密切联系职工群众之风

人民群众是我们党的力量源泉，密切联系群众是我们党的优良作风。加强与职工群众联系是工会工作的生命线，密切联系职工群众是工会组织的最大优势，脱离职工群众是工会组织的最大危险。

（一）思想上提高密切联系职工群众的认识

要充分认识密切联系职工群众对于党的事业、工运事业的重要性，认真贯彻党的群众路线，坚定不移地依靠职工群众。要充分尊重产业职工的主体地位，坚持思想上尊重职工群众、感情上贴近职工群众、工作上为了职工群众，真正体现产业工会组织的群众性。要把职工群众呼声看作第一信号、把职工群众需要当作第一任务、把职工群众利益放在第一位置、把职工群众愿望作为第一目标，努力维护好、发展好、实现好职工群众的根本利益。

（二）方法上加强密切联系职工群众的制度机制建设

要健全服务职工群众制度，增加为职工群众办实事项目，搭建结对帮扶、法律援助等各项服务职工群众的平台。要探索开展现场办公、一线工作等破解难题的方式方法，集中时间和精力，全力解决涉及职工群众切身利益的难事、急事，切实办好顺民意、解民忧、惠民生的实事。要健全联系职工群众制度，密切联系职工，深入实际，深入基层，层层建立产业工会干部联系点制度、蹲点工作制度等。要将主动深入职工群众调查摸底和拓宽职工群众诉求渠道有机结合起来，让职工群众有说话、反映问题的地方，有敢说话的制度保证。要健全维护职工群众权益机制，努力形成科学有效的利益协调机制、矛盾调处机制、权益保障机制，认真解决职工群众反映强烈的突出问题。

（三）行动上做好密切联系职工群众实践活动

要深入职工、深入基层、深入实际，了解职工群众所思所想，从职工群众的意愿和要求出发去想问题、定决策、出措施，使确定的工作重点、采取的工作方式更加符合职工群众的愿望和要求，更为职工群众所喜闻乐见。要努力适应新时代产业工会工作的新特点、新要求，深入做好服务职工群众工作，虚心向职工群众学习，热心为职工群众服务，诚心接受职工群众监督。要经常深入一线，特别是深入发展困难、问题较多的企业开展调查研究，面对面和职工群众交流，心贴心关心职工疾苦，实打实服务职工群众，拉近和职工群众的距离。

五、大兴廉洁自律之风

习近平总书记强调：“要加强反腐倡廉教育和廉政文化建设，督促领导干部坚定理想信念，保持共产党人的高尚品格和廉洁操守，提高拒腐防变能力，在全社会培育清正廉洁的价值理念，使清风正气得到弘扬。”党的十八大以来的全面从严治党实践表明，“制度治党”与“思想建党”需要双管齐下，反腐不仅要约束行为，更要培育健康向上的党内政治文化、营造风清气正的党内政治生态，从思想上防微杜渐，使“不敢腐、不能腐”真正发展为“不想腐”。产业工会组织必须把加强党性修养、坚决惩治和有效预防腐败作为重大政治任务来抓，永葆党领导的产业工会组织的政治本色，永葆产业工会干部队伍的纯洁，努力建设一支政治坚定、业务扎实、作风过硬、廉洁自律的产业工会干部队伍。

产业工会党组织要切实履行主体责任，坚持全面从严治党，把严肃党内政治生活、净化党内政治生态作为全面从严治党的根本性基础性工作，严格党的组织生活，严明党的纪律，认真落实党内监督责任，强化监督执纪问责。深入推进党风廉政建设和反腐败工作，持之以恒落实中央八项规定精神，坚决反对“四风”，锲而不舍抓好作风建设，把党要管党、从严治党落到实处，充分发挥党组织领导核心作用和党员先锋模范作用。

（一）切实端正思想，筑牢反腐防线

产业工会干部要以身作则、率先垂范，发挥示范作用，始终把纪律挺在前面，严格执行政治纪律、组织纪律、廉洁纪律、工作纪律、群众纪律、生活纪律。要一日三省吾身，经常对照党章检查自己的言行，加强党性修养，陶冶道德情操。坚持交往有原则、有界限、有规矩，增强政治定力、纪律定力、道德定力、拒腐定力，始终不放纵、不越轨、不逾矩，永葆共产党人政治本色。要不断强化接受监督的意识，在做好自我监督的同时，自觉接受党外监督、群众监督、舆论监督。

（二）认真开展反腐倡廉宣传教育

认真开展理想信念教育和从政道德教育。要加强政治品质

和道德品质教育，促使产业工会干部践行社会公德、职业道德、个人品德和家庭美德。要深入开展示范教育、警示教育和岗位廉政教育，把培育廉洁价值理念贯穿于产业工会干部培养、选拔、管理和使用的全过程。要加强反腐倡廉宣传工作，充分展示反腐倡廉建设所取得的明显成效，积极反映群众呼声，在产业工会营造良好的反腐倡廉舆论环境。

（三）加强反腐倡廉建设

要严格落实党风廉政建设责任制。各级产业工会党员领导干部要严格履行“一岗双责”，担负起第一责任人的职责，知责、尽责、负责，敢抓敢管，勇于监督，带好班子、带好队伍、带好作风。要习惯于在同志间相互提醒和督促中纠错防偏、共同进步，推动管党治党不断从“宽松软”走向“严实硬”。

要坚决杜绝产业工会干部脱离职工群众等不良现象，坚决克服官僚主义、形式主义、弄虚作假、心浮气躁等不良风气。要认真治理庸、懒、散问题，严肃处理不作为、乱作为行为。要严格执行中央有关规定，厉行节约、反对铺张浪费，树立良好的产业工会干部队伍形象。

第四节　加强产业工会制度建设

制度更带有根本性、全局性、稳定性、长期性。科学的制度是理顺各种关系、激发内部活力、提高工作效率、强化任务落实的重要保障。加强产业工会制度建设，坚持制度机制创新是产业工会组织正常运转、作用发挥的重要保证，是提高产业工会决策科学化、民主化的重要保证，也是产业工会在发展过程中积累的一条宝贵经验。加强产业工会自身建设，必须始终把制度建设贯穿于产业工会政治建设、组织建设和作风建设之中。

一、加强产业工会制度建设的目标和原则

产业工会制度建设就是把长期以来产业工会工作中的经验教训加以总结和概括，形成产业工会工作制度，逐步规范组织行为，使之内化为自觉行动和各级组织规范运行的过程。根据产业工会自身特点和要求，结合制度建设基本经验，加强产业工会制度建设，必须遵循以下基本原则。

（一）坚持党的领导，牢牢把握正确的政治方向

产业工会必须在党的领导下，从自身性质和特点出发，紧紧围绕和服从服务于党领导的工运事业，有组织、有领导、有计划、有步骤地推进制度建设，始终坚持制度建设的正确方向。

（二）以习近平新时代中国特色社会主义思想为指导，体现中国特色社会主义工会发展道路的要求

产业工会制度建设必须坚持以正确的思想理论为指导，以习近平新时代中国特色社会主义思想为根本遵循，并以此统一思想，确立思路，自觉将产业工会制度建设纳入中国特色社会主义工会发展道路的轨道。

（三）坚持服务工会工作全局

产业工会是中国工会的重要组成部分，产业工会制度建设必须围绕实现工会中心任务和工作重点来设计，为推动工会工作创新和工运事业发展提供保证。

（四）以《中华人民共和国工会法》和《中国工会章程》为根本

坚持《中华人民共和国工会法》和《中国工会章程》在产业工会制度中的根本地位，依照《中华人民共和国工会法》和《中国工会章程》要求制定制度、遵守制度。坚持民主集中制

这一根本组织制度，通过坚持和完善民主集中制来推动产业工会制度建设。

（五）坚持推动产业改革发展和维护产业职工合法权益的统一

加强产业工会制度建设必须统筹兼顾、突出重点，必须有利于全面履行产业工会各项职责，有利于主动科学依法维权，切实履行产业工会维护职工合法权益、竭诚服务职工群众的基本职责。

（六）坚持解放思想、实事求是、与时俱进、求真务实

以解放思想为先导、以改革创新为动力，在继承的基础上不断推进产业工会制度创新发展。

加强产业工会制度建设，要坚持和完善产业工会组织制度，改革和完善产业工会工作运行机制和工作方式，构建内容协调、程序严密、配套完备、有效管用的制度体系，并坚决贯彻落实，形成产业工会法治化、规范化的运行机制和工作方式，为推动产业工会工作创新发展提供重要保证。

二、建立和完善全国产业工会工作制度

全国产业工会要充分发挥全国一级产业工会组织的作用，必须建立和健全有关的工作制度，探索和建立体现产业工会联合制、代表制的有效工作机制，努力形成产业特色工作的上下联动。

（一）全委会工作制度

组织委员参与全委会议重要问题的讨论和决策。在全委会工作报告形成前，应认真听取委员的意见。委员在参加全委会议前要认真做好准备，带着情况和建议参加会议。依靠委员落实全委会工作任务。根据工作需要和委员所在单位的实际情况，

组织委员完成全委的重点调研任务和重要工作任务，以对具有产业特色的重点工作形成上下联动的工作机制，发挥全委会的整体功能。加强委员与所在城市和周边地区常委的工作联系。在全委会议闭会期间，遇有重要工作任务和需要研究的重要问题，由常委负责召集所在城市和周边地区的委员及相应产业工会的主席进行协商落实，委员应当给予积极支持和协助。切实为委员加强联系、发挥作用创造条件，通过充分发挥委员的作用，通过委员所在单位取得的工作成效和典型经验，推动产业工会的工作不断向深度和广度拓展。

（二）常委会工作制度

组织常委参与产业工会全国委员会重大问题的决策。提交全委会讨论的工作报告，须经常委会研究通过。全委会议闭会期间涉及产业工会全局工作的重大问题和工作部署由常委会在充分听取常委意见的基础上作出决策。常委在参加常委会议前，应认真做好准备，带着情况和建议参加会议。建立常委会例会制度，常委会一般每年召开两次，年中召开一次，年底与全委会议同时召开一次。全委会召开的其他重要会议可邀请有关常委参加。依靠常委加强与所在城市及周边地区委员和相应产业工会的联系，根据全委会部署的工作任务，由常委做好有关的信息沟通、工作交流、组织协调等工作。依靠常委开展调查研究工作，根据工作需要，组织常委和全委会机关工作人员一起调研或由常委按分工在本地区代表全委会组织力量完成全委会重点调研任务。依靠常委组织全委会重要活动，根据工作需要和分工，由常委协助全委会承担全委有关重要会议和活动的具体组织工作。全委会根据工作需要，为常委的学习考察和交流研讨活动创造条件。

（三）信息工作制度

及时、真实的信息是产业工会履行职责的基础。要充分认识新形势下加强信息工作的重要性和必要性，切实加强对信息工作领导，坚持信息工作与产业工会各项工作的紧密结合，把信息工作作为产业工会履行职责、发挥作用的一项长期任务和重要基础性工作来抓。各省市产业工会、基层工会要建立一支专（兼）职的信息工作队伍；建立健全与基层工作的信息联系网络；建立与政府有关部门、对应产业部门、行业协会和新闻单位的信息联系。要坚持信息报送制度，各省市产业工会要及时、准确地向全国产业工会报送本地区产业改革发展中存在的突出问题，职工群众在就业、分配、社会保障、职工安全卫生等方面遇到的突出问题，影响职工队伍稳定的倾向性问题，工会工作的重要部署和进展，工作中遇到的新情况、新问题及提出的新思路、创造的新经验等信息。全国产业工会要及时向全国总工会报告，必要时向党中央、国务院有关部委报送本产业改革发展、职工切身利益和影响职工队伍稳定突出问题的信息，要通过刊物和其他信息报送渠道及时宣传本产业工会工作的重要动态和经验。要努力提高信息质量，重视信息的开发和利用，加强对初级信息的分析、综合、研究和处理，抓住具有代表性和倾向性的问题及典型事件开展跟踪调查、系列调查，力求把一般性的情况反映、社会呼吁变为在分析研究基础上形成的高层次信息和参政意见。要加强信息工作的制度建设，建立信息员的学习培训制度、信息报送制度、信息需求通报制度和信息工作的评比表彰制度。

三、努力发挥制度建设在产业工会自身建设中的重要作用

（一）把制度建设与政治建设、组织建设、作风建设有机结合起来，不断提高产业工会自身建设的制度化、规范化、科学化水平

政治建设是制度建设的前提和基础，没有正确的政治建设，制度建设就会迷失方向，政治建设的经常性和成果需要完善的制度来保证和巩固；组织建设为制度建设提供组织保障，制度建设是组织建设的内在要求和依托；作风建设是制度建设的外化，制度建设是作风建设的支柱，只有不断健全制度，才能坚持和发扬优良传统和作风。要将产业工会制度建设贯穿于政治建设、组织建设、作风建设当中，通过制度建设来推进政治建设、组织建设、作风建设，形成政治、组织、作风、制度建设相互促进、相互推进的局面。

（二）强化制度权威，切实落实制度，建立适应新形势要求的产业工会工作运行机制和工作方式

要认真学习制度，深入理解制度的价值，充分认识制度的根本性、全局性、稳定性、长期性的重要性质和科学性、规范性、导向性、约束性的基本特点，熟悉各项制度条文，准确把握制度的内涵，为发挥制度作用、保证制度落实打下基础。要严格执行制度，严格按照制度推进产业工会各项工作，及时进行必要控制，尽快纠正偏离制度的行为，切实通过严格执行制度，确保各项制度落到实处。要自觉维护制度，自觉维护制度的权威性和严肃性，将维护制度作为推进产业工会工作的重要着力点，坚持把依靠制度作为产业工会重要的工作方式和运行机制，不断提高产业工会自身建设水平。

（三）在实践中不断丰富、完善制度，推动产业工会自身建设创新发展

产业工会在长期的发展过程中积累了丰富的经验，也形成了自身建设的一系列基本制度和具体制度，这是产业工会的宝贵财富，必须继承和弘扬。但是，时代是不断发展变化的，新的形势对产业工会制度建设提出了新的课题，同时也提供了制度创新的良好机遇。要注意不断审视制度，通过制度在实践中的实施情况，分析、评估、修改、完善制度，使制度更加科学、合理、可行。要具有整体观念，用系统思维审视各项制度建设，努力形成有效制度系统，发挥制度的整体功效。既要认真总结，把握新形势下制度建设的特点，不断丰富完善制度，又要注重制度配套，使各项制度成为一个相互有机联系的整体，发挥整体功效。要尊重职工的主体地位，发挥群众的首创精神。充分发挥职工群众和企业工会的优势和作用，善于发现基层工作亮点，及时总结基层的好做法、好经验，加以升华和推广，形成制度化的工作机制和工作方法；要指导基层从解决实际问题入手，通过研究和反复实践，在实践的基础上形成制度和机制。

第五节　加强产业工会理论研究

理论源于实践，理论指导实践。产业工会理论研究，是对产业工会工作的理论总结。当前，要加强对涉及产业工会理论性、实践性问题的专题研究。坚持勇于实践、勤于研究，准确把握新形势下产业工会工作发展规律，提出具有针对性、前瞻性、突破性的思路和办法，注重从制度机制上破解工作中遇到的重点和难点问题，推动产业工会理论创新和实践创新。充分发挥我国产业工会的政治优势、组织优势和工作优势，研究借鉴国外产业工会的有益经验，探索形成具有中国特色的产业工

会理论研究。

一、加强产业工会理论研究，必须以习近平新时代中国特色社会主义思想为指导

党的二十大报告指出，十九大、十九届六中全会提出的“十个明确”、“十四个坚持”、“十三个方面成就”概括了习近平新时代中国特色社会主义思想的主要内容，必须长期坚持并不断丰富发展。习近平新时代中国特色社会主义思想所蕴含的世界观和方法论，为产业工会干部以新的精神状态推进工会事业理论创新指明了前进方向、提供了根本遵循。

产业工会要坚持不懈用习近平新时代中国特色社会主义思想凝心铸魂，深刻领会其主要内容，把握好其世界观和方法论，坚持好、运用好贯穿其中的立场观点方法，结合研究阐释习近平总书记关于工人阶级和工会工作的重要论述，指导实践、解决问题，切实把党的创新理论贯彻落实到工会工作各方面全过程。

二、加强产业工会理论研究，是创新产业工会工作、提升产业工会工作整体水平的内在要求

创新是产业工会工作的动力，创新离不开正确的理论指导，创新必须将产业工会理论应用于实践，然后从实践中得出新的认识和经验，进而再推进工作的发展。研究产业工会理论，理论和实践相结合，是做好产业工会工作的基础。不重视理论研究和实践，产业工会工作就缺乏明晰的思路和正确的措施。

（一）加强产业工会理论研究，是发展产业工会工作的客观要求

认真研究产业工会理论在实践中的作用，对于丰富产业工会工作知识、思路、方法、措施是非常必要的。

（二）加强产业工会理论研究，是落实产业工会重点工作的迫切需要

要把产业工会工作的各项任务落实好，需要深入学习理论、研究理论，用正确的理论去指导实践。

（三）加强产业工会理论研究，是提高产业工会干部综合素质和工作水平的有效措施

做好产业工会理论研究，可以提高工会干部的思维能力和认识水平，可以提高工会干部的政治敏锐性，可以培养更多学习型、思考型的人才，可以深入认识和把握产业工会工作规律，推动产业工会工作健康发展。

三、加强产业工会理论研究，积极推进产业工会理论创新

在进行理论创新的过程中，必须遵循马克思主义辩证唯物主义方法论。深入研究产业工会面临的重大理论和实践问题，善于对新的实践作出新的理论概括，以理论的发展来反映时代的发展，又以发展的理论来指导新的实践。以理论创新带动体制创新和工作创新，使产业工会工作更好地体现时代性、把握规律性、富于创造性。要明确产业工会的地位和作用，明确产业工会的工作的重点，明确产业工会的活动方式。要研究产业职工队伍构成的新变化，特别是把握产业职工队伍的社会关系、思想动态、心理素质、心理需求，采取新的路径和方法提高服务产业职工群众的能力。

（一）做好调查研究是产业工会理论创新的基础

产业工会工作要一切从实际出发，了解实际情况、研究实际情况、反映实际情况，通过深入细致的调研，找出反映产业工会工作具有规律性的经验和做法，解决产业工会工作中的实际问题，加强产业工会工作的针对性、实效性，从而把产业工会理论研究紧密地同具体实际结合起来，与推动产业工会具体

工作结合起来。

（二）深入研究产业工人队伍状况，创新产业工会理论研究

当前，要着重围绕产业工人队伍建设改革，特别是加强和改进产业工人思想政治建设、构建产业工人技能形成体系、创新产业工人发展制度等重点工作，努力掌握产业发展面临的宏观形势变化、产业结构调整趋势，分析研究本产业工人队伍建设改革推进的基本情况，包括规模、结构、权益实现状况等，总结产业工会在提升产业职工素质、维护产业职工权益、畅通产业职工成长渠道等方面的经验和做法，查找存在的问题与原因，提出加强产业工人队伍建设改革的对策建议，以实践推动产业工会理论研究，充分发挥产业工会理论研究在加强产业工人队伍建设改革中的重要作用。

（三）整合各方相关理论资源，有效应用理论研究成果

产业工会理论研究要善于借助政府部门、行业协会、科研院校等社会资源，整合相关理论成果，为我所用。同时，要在实践中应用好产业理论研究成果，指导和推动产业工会工作向前发展。

思考题：

1. 我国产业工会的政治性、先进性、群众性主要体现在哪些方面？
2. 产业工会的政治建设应当突出哪些重点内容？
3. 如何在实践中不断丰富完善产业工会工作制度？

附录

全国产业工会简介

一、中华全国铁路总工会

中华全国铁路总工会是中国成立最早的全国产业工会组织之一，是有着光荣斗争历史和优良革命传统的广大铁路职工自己的全国性组织。

中国共产党成立后，对组建全国统一的铁路工会组织十分重视。在1921年1月《中国共产党中央局通告》中指示各区“以全力组织全国铁道工会，上海、北京、武汉、长沙、广州、济南、唐山、南京、天津、郑州、杭州、长辛店诸同志，都要尽力于此计划”。此后，各地中共负责人如毛泽东在粤汉，刘少奇、李立三在安源，董必武、项英、林育南、陈潭秋在武汉，邓中夏在京汉，何孟雄在京绥，王尽美在胶济，王荷波在津浦，彭真在正太，邓培在京奉，杨殷在广东，袁达时在上海，在铁路工人中做了大量宣传发动和各路工会的组建工作，为全国铁路总工会成立做了思想上和组织上的准备。

1922年10月，在中共中央北方局和中国劳动组合书记部北方分部的领导下，全国铁路工人代表会议在北京召开，成立了“全国铁路总工会筹备委员会”，决定于1923年成立全国铁路总工会。筹委会成立后，各地铁路工会组织纷纷建立，已有的工会进行了组织划一，并领导铁路工人进行了多次罢工斗争，从而把中国共产党领导的中国第一次工运高潮推向顶峰。发生在1923年2月的京汉铁路工人大罢工，是中国共产党领导我国工人阶级和全国人民同帝国主义及封建军阀直接较量的一次大规模群众运动，是中国工人运动史上最光荣、最伟大的一页。

1923年2月京汉铁路总工会成立，遭到了帝国主义及封建军阀的血腥镇压，京汉铁路工人惨遭杀戮，工会组织遭到严重破坏，全国铁路处于白色恐怖之中，成立全国铁路总工会的计划因而推迟，但筹委会继续工作。

在二七惨案一年后的1924年2月7日，中华全国铁路总工会在北京正式成立，并发表了《全国铁路总工会成立宣言》。从此，铁路工人运动有组织、有领导地蓬勃开展起来。1925年、1926年、1927年分别在郑州、天津、汉口连续召开了中国铁路工会第二次、第三次、第四次全国代表大会。1927年4月12日，蒋介石发动反革命政变，大革命高潮中发展起来的轰轰烈烈的工人运动遭到残酷镇压。铁路工会组织也遭受重创，或被封闭解散，或被迫转入地下。从1927年到1937年，铁路工会在白色恐怖的历史背景下，艰难求索，继续斗争。工会组织虽然遭受重创，但各种形式的工人团体又组织起来了。在北方铁路上，有读书组、读报组、互济会、储蓄会、工人补习夜校、俱乐部、关帝会等组织；在南方铁路上，有施材社、救苦会、兄弟团、友谊社、俱乐部等组织。有些铁路组织了“工厂委员会”，一些站段组织了秘密的赤色工会。通过这些公开的、半公开的和秘密的组织，把铁路工人团结起来，继续进行斗争，并在斗争中壮大了自己的力量，使铁路工人运动走向复兴的道路。1937年7月7日卢沟桥事变发生后，全国性的抗日战争正式爆发。日本帝国主义的侵略促成了国共两党的第二次合作。中国工人运动因抗日救亡迎来了新的转机。抗日战争期间，处于沦陷区、国统区和抗日根据地的铁路工人，建立了不同形式的工会组织，开展了各种形式的抗日活动。沦陷区的铁路工人建立了“抗日救国会”、“抗日互济会”等秘密组织，采取消极怠工、破坏机器、拆毁铁路等斗争形式，给敌伪势力以沉重打击。国统区的铁路工人建立了“抗敌后援会”等组织，配合战事需要，运送部队弹药，捐献钱物，支援前线抗敌。抗日根据地的铁路工会，建立了完善的组织机构，发动铁路工人参加八路军和游击队，参与反“扫荡”战斗和破坏铁路的斗争，成为一支抗日的有生力量。抗日战争胜利后，从东北地区开始，各级铁路工会组织全面恢复。1945 年 8 月 23 日，锦州铁路总工会成立。之后，大虎山、沟帮子、锦西、绥中等地区相继成立了地区工会。从 1947 年初到 1949 年末，中长铁路总工会、牡丹江铁路总工会、西满铁路总工会、吉林铁路总工会筹委会相继成立。到 1949 年末，东北铁路工会的各级组织正式建立完备。随着全国的解放，天津、济南、郑州、太原、上海、衡阳先后建立了铁路管理局，工会组织也同步建立。在中国革命各个历史时期，中华全国铁路总工会带领广大铁路职工，始终站在斗争的最前列，为推翻三座大山、解放全中国作出了巨大贡献，表现了铁路工会和铁路工人一往无前的英雄气概和坚强不屈的革命精神。

中华人民共和国成立前夕，在党中央的关怀下，中华全国总工会作出恢复中华全国铁路总工会的决定。1949 年 6 月 4 日，东北铁路职工总会向全国总工会建议 7 月 1 日中国共产党成立 28 周年之日，召开全国铁路职工临时代表会，成立恢复全国铁路总工会筹备委员会，进行铁路总工会的筹备恢复工作。中华全国总工会于 1949 年 5 月 30 日批准了这一建议，指定李颉伯负责筹备建立全国铁路总工会的工作，又在 6 月 10 日作出《关于恢复全国铁路总工会的决定》。1949 年 7 月 1 日，全国铁路职工临时代表会议在北平召开，选举产生了中华全国铁路总工会筹备委员会。朱德到会致词。闭会前，毛泽东、朱德、周恩来在怀仁堂接见了全体代表，毛泽东、周恩来分别作了重要指示。在筹委会的组织领导下，铁路工会各项业务工作全面开展起来。

新中国的成立，为铁路工会工作开辟了无比广阔的领域和无限光明的前景。1950 年 2 月 7 日，中国铁路工会第一（五）次全国代表大会在北京召开，选举产生了中国铁路工会全国委员会。全国铁路总工会的恢复，推动了铁路工会工作的发展。动员铁路工人积极投身抗美援朝，在残酷的绞杀战中保证了运输线畅通。在铁路工会组织发动的大生产运动中，劳动竞赛高潮迭起，“毛泽东号”、“朱德号”等机车组以优异的成绩成为竞赛的排头兵，以满载超轴 500 公里运动为标志的各类先进工作法层出不穷，各条战线的先进人物不断涌现；铁路工会发起的“自建公助”活动解决了职工的住房困难，普遍兴起的“职工消费合作社”满足了职工生活的日常需求，以基层工会为单元的困难救助机制和“职工互助会”为帮助职工解决意外、临时困难起到了保障作用；职工教育受到了普遍重视，正规教育形成体系，业余教育遍地开花，铁路职工队伍的政治觉悟、技术素质、业务能力得到空前提高。在此期间，中国铁路工会分别于 1954 年 4 月 5 日和 1958 年 4 月 7 日在北京召开了第二（六）、第三（七）次全国代表大会。

1966 年，“文化大革命”开始后，工会组织瘫痪，工会工作停止。1973 年 4 月，中共中央下发 17 号文件，转发北京、上海两市召开工会代表大会的请示，指出“工会是工人阶级的群众组织，是无产阶级专政的坚强柱石，是广大工人群众学习共产主义的学校”。《人民日报》发表了《进一步发挥工人阶级的主力军作用》的社论。铁路开始恢复工会组织。1975 年，中共中央下发《关于加强铁路工作的决定》（中共中央 9 号文件）

以后，全路各级工会组织进一步整顿恢复，并逐步开展各项活动。

粉碎“四人帮”以后，尤其是中国共产党十一届三中全会以来，铁路与全国一样，开始了伟大的历史转折。1978 年 10 月 31 日，中国铁路工会第四次全国代表大会在北京召开。经党中央批准，恢复“中华全国铁路总工会”名称，并同意将新中国成立前、后召开的各次全国代表大会连续计算，将本次改为第八次全国代表大会。大会选举产生了中华全国铁路总工会第八届委员会。1986 年、1991 年、1996 年、2003 年、2009 年、2015 年，中国铁路工会在北京分别召开了第九次、第十次、第十一次、第十二次、第十三次、第十四次全国代表大会。在新的历史时期，中华全国铁路总工会坚持走中国特色社会主义工会发展道路，履行职责，维护职工合法权益，践行“人民铁路为人民”的宗旨，在培育有理想、有道德、有文化、有纪律的“四有”职工队伍，推进现代化建设中作出了杰出的贡献，形成了新时期火车头精神，其核心内容是：开拓进取、务实创新的改革精神；顾全大局、敬业爱岗的奉献精神；艰苦奋斗、敢打硬仗的拼搏精神；敢为人先、勇创一流的争先精神。新时期火车头精神是铁路职工“先行官”精神、“排头兵”精神、“开路先锋”精神的高度概括，是铁路企业精神的核心内容，是铁路的路魂。中国铁路工会十三大以来，各级铁路工会从铁路企业的实际出发，自觉围绕中心，主动服务大局，切实做好党政所需、职工所急、工会所能的工作，在发挥职工的工人阶级主力军作用、推动铁路科学发展、促进运输生产安全上，在加强厂务公开民主管理、推进基层民主政治建设上，在维护职工合法权益、关心职工生产生活和搞好“三不让”（不让一名职工家庭生活在贫困线以下，不让一名职工子女上不起学，不让一名职工看不起病）帮扶救助工作促进职工队伍稳定上，在提高职工队伍素质、促进职工文化建设上，积极探索、大胆实践，坚持走中国特色社会主义工会发展道路，为推进全国铁路科学发展和转变发展方式，发挥了应有的、积极的作用，作出了新的贡献。

2000 年 9 月，中铁工程、中铁建筑等 6 大公司从原铁道部剥离，整体移交中央企业工委管理，但工会组织仍隶属中华全国铁路总工会。2005 年 3 月 18 日，铁路实施铁路局直接管理站段体制改革，铁路分局撤销。中华全国铁路总工会及时下发通知，修改了《中国铁路工会组织办法》。2013 年 3 月 14 日，铁路进行管理体制改革、实行政企分开，不再保留铁道部，组建国家铁路局和中国铁路总公司。中华全国铁路总工会设在中国铁路总公司。2017 年 11 月 19 日，中国铁路总公司推进铁路局公司制改革，所属 18 个铁路局全部改为局集团有限责任公司，中华全国铁路总工会所属各铁路局工会同时更名为局集团有限责任公司工会。2019 年 6 月 18 日，经国务院批准，中国铁路总公司改制为中国国家铁路集团有限公司，中华全国铁路总工会仍设在中国国家铁路集团有限公司。

党的十八大以来，中华全国铁路总工会坚持以习近平新时代中国特色社会主义思想为指导，在中华全国总工会和中国国家铁路集团有限公司党组的正确领导下，增强“四个意识”，坚定“四个自信”，做到“两个维护”，认真学习贯彻习近平总书记系列重要讲话精神特别是关于工人阶级和工会工作的重要论述，按照党中央《中共中央关于加强和改进党的群团工作的意见》要求，保持和增强政治性、先进性、群众性，围绕国家统筹推进“五位一体”总体布局、协调推进“四个全面”战略布局和实现中国梦，切实服务铁路改革发展大局，在始终坚持党的领导，坚定不移走中国特色社会主义工会发展道路；激发广大职工活力，凝心聚力建功立业；维护职工合法权益，构建和谐劳动关系；坚持以职工为本，改善职工生产生活条件；加强职工文化建设，丰富职工文化生活；坚持改革创新，增强工会组织生机与活力等方面作出了积极贡献。

截至2021年底，中华全国铁路总工会共有会员442万人，直属工会组织30个。其中，单位隶属中国国家铁路集团有限公司的工会25个（含局集团有限公司等运输企业工会22个、科研设计企业工会2个，中国国家铁路集团有限公司直属机关工会1个），单位隶属国资委管理的大型企业工会5个。

中华全国铁路总工会实行中国国家铁路集团有限公司党组和中华全国总工会双重领导、以中国国家铁路集团有限公司党组领导为主的领导体制。

二、中国民航工会

中国民航工会全国委员会是全国产业工会组织，负责领导和指导全国民航系统工会工作，接受民航局党组和全国总工会双重领导，以民航局领导为主。中国民航工会随着民航管理体制的变动历经起伏。1950年12月成立，1953年9月撤销；1957年恢复，1960年又撤销，1981年再度恢复，此后，迈入了稳步发展的阶段。1983年7月，中国民航工会第一次全国代表大会召开，选举产生了中国民航工会第一届全国委员会。1990年，根据中华全国总工会批示，中国民航工会第二届全国委员会按联合制、代表制原则组建，此后的历届委员会均按此原则组建。目前第七届全国委员会于2020年12月成立，共有委员68人，其中一线职工代表和劳模代表14人，占比为20.6%，选举中国民航英雄机长刘传健为兼职副主席，委员单位涵盖各大航空公司、机场、空管、服务保障企业及地区管理局等民航局直属机关和事业单位，具有较强的广泛性和代表性。

基于现行民航行政管理体制以及企业间的资产纽带关系，民航工会组织领导架构中二级单位37个，按照组织领导关系，分为三个板块：一是民航局直属的 7 个地区管理局及 17 个企事业单位工会；二是国务院国资委监管的 6 家中央企业（中航、东航、南航、中航信、中航油、中航材集团公司）工会；三是 7 家地方国有、民营控股的规模较大的航空公司（海南、山东、四川、深圳、厦门航空公司）、机场集团（上海、广东）工会。根据产业和地方相结合的组织领导原则及全国总工会 2004 年印发的《关于调整民航系统工会领导关系有关问题的意见》，前两个板块以民航工会领导为主、地方工会领导为辅，第三个板块以地方工会领导为主、民航工会领导为辅。

总体来看，当前民航产业工会组织体系比较健全、顺畅，各项工作机制运转有效，基本适应民航现行管理体制及职工队伍发展状况。截至 2022 年 12 月，民航工会系统共建立基层工会委员会 2165 个，工会会员 76 万人，专兼职工会干部 12667 名。

党的十八大以来，在民航局党组和全国总工会的殷切关怀和坚强领导下，民航工会以习近平新时代中国特色社会主义思想为指导，认真贯彻落实习近平总书记关于工人阶级和工会工作的重要论述、对民航工作的重要指示批示精神，把保持和增强政治性、先进性、群众性作为主线贯穿工会工作全过程，聚焦服务行业安全发展大局和满足民航职工对美好生活的向往，切实落实局党组和全国总工会工作部署，全面履行工会各项职能，工作取得长足进步和明显成效。

一是突出强化职工思想政治引领。坚持以社会主义核心价值观为统领，大力弘扬劳模精神、劳动精神、工匠精神和当代民航精神。聚焦重大主题主线，充分利用民航工会微信号、民航报工会专刊、民航职工电子书屋的“一微一刊一平台”主阵地，发挥全行业各级工会 80 余个微信号的新媒体矩阵作用，线上线下相结合，积极开展富于时代特色的主题宣教活动，不断加强职工理想信念和职业道德教育，培育了民航劳模大讲堂、“民航人的除夕夜”微摄影、民航职工主题阅读等一批广受职工欢迎的工会文化品牌，有效地凝聚了士气人心，激发了奋进力量。

二是深入推进民航职工队伍建设改革。抓顶层设计，以民航局名义制定出台了《深入推进新时代民航职工队伍建设改革工作方案（2022—2025）》，制定下发了民航工会系统贯彻落实改革工作方案的意见，并配套出台10余个政策文件，为民航系统产改工作提供了规划引领和制度保障。抓试点引领，推荐系统13家单位参与十大产业百家企业深化产业工人队伍建设改革专项行动，聚焦五大改革任务，持续做好督导，确保产改稳中求进。抓经验推广，在民航报、民航工会微信号开设“民航职工队伍建设改革进行时”专栏，大力挖掘并宣传内蒙古机场“首席技师”等一系列创新举措和经验做法，为推动全行业提升技能人才待遇、打通技能人才职业发展通道提供了有益经验和借鉴启示。

三是着力发挥民航职工主力军作用。围绕行业中心任务，积极为广大职工搭建体现价值、彰显作为的平台。持续深化劳动和技能竞赛，通过制定、完善竞赛管理办法、竞赛激励机制等手段方式，促进技能竞赛在全行业广泛开展。“十三五”期间示范举办了28个民航岗位的17项全行业竞赛、60项集团公司（地区管理局）级竞赛，带动参与职工85万人次。推动“安康杯”竞赛活动提质增效，始终将竞赛活动的出发点和落脚点，放在维护职工安全健康权益、促进企业安全生产上，不断丰富竞赛活动的内涵、拓展竞赛活动的覆盖。大力抓班组建设，制定出台进一步加强班组建设的指导意见，设立专项经费补助，开展评选表彰，组织成果展示，带动和推进了各级工会班组建设广泛深入开展。积极推动基层群众性创新，创建劳模和工匠人才创新工作室、开展“五小”创新成果展示、组织参加大国工匠创新交流大会，持续助力劳模工匠人才成长和职工创新创造。

四是持续深化维权服务工作。坚持以职工需求为中心的工作导向，在解决职工急难愁盼问题上下功夫，在构建精准服务职工体系上出实招。加强权益维护。着力完善以职代会为基本形式的民主管理制度，制定出台多项规范性文件，开展民主管理工作互查交流，组织优秀职代会案例和职工代表提案征集评选，推动企业将重大决策和涉及职工切身利益的重大问题依法提交职代会审议，落实职代会职权，维护职工合法权益。同时，围绕劳动安全卫生、女职工权益保护、工资调整机制等重点，强化集体协商和集体合同制度机制落实，促进劳动关系和谐稳定，维护劳动领域政治安全。做好服务职工工作。构建以精准帮扶为重点、普惠与精准相结合的服务职工体系，打造了“送温暖、送文化、送健康”活动、“送清凉”、职工活动阵地建设、爱心妈妈小屋建设、边远高寒地区民航职工蔬菜大棚建设、高原地区民航职工宿舍配备制氧机、民航院校工会奖助学金、民航女职工大病互助金等一系列服务工作品牌，推进了职工心理关爱、民航职工圆梦大学、机场站坪区域共享休息室等一批实事工程，不断增强职工的获得感、幸福感、安全感。在疫情防控和脱贫攻坚中履行工会担当。通过制度保障、政策供给、资金支持、心理关爱、舆论宣传等多方面举措，关心关爱防疫一线职工。积极组织发动各级工会消费扶贫，为打赢脱贫攻坚战、助力乡村振兴作出了工会贡献。

五是不断加强自身改革创新。强化党建引领。把民航工会机关打造成坚持和发展马克思主义的示范阵地，将学习贯彻党的理论政策与谋划工会全局工作、助推民航发展紧密结合，严格执行中央八项规定及其实施细则精神，持之以恒纠治“四风”，不断涵养和营造风清气正的政治生态。走好群众路线。近年来有针对性地开展飞行、管制、安检等特业职工群体调查研究及全行业职工队伍状况调查，结合基层实地调研、工会干部基层蹲点等工作，深入了解职工群众所思所需，为加强基层建设、工会源头参与、创新工会工作谋思路、定举措。全面开展女职工工作。广泛开展女职工建功立业活动，通过打造全国和民航“五一巾帼标兵”、开展女职工维权服务月、讲述“家规家训”故事等活动品牌，引领女职工职业成长，维护服务女职工权益，推进民航职工家庭文明建设。不断夯实基层基础。扩大组织覆盖，充分发挥民航各地区管理局的地区性产业工会作用，开展专项入会行动，最大限度将民航职工和民航从业单位组织到产业工会中来。坚持工会经费向基层倾斜，引导基层工会将经费用于年度重点工作、重大活动。扎紧制度的笼子，加大工会经费、资产监督管理及对下经审工作力度。加快推进智慧工会建设，加强工会干部教育培训，不断在建机制、强功能、增实效上下功夫，把工会组织建设得更加坚强有力、更加充满活力。

三、中国金融工会

中国金融工会是中华全国总工会和中国银保监会党委领导下的实行垂直领导的全国产业工会组织。中国金融工会成立于1951年，目前有会员单位职工500余万人，是金融系统各级工会组织的领导机关。会员单位包括：中国人民银行、中国银保监会、中国证监会以及各主要金融机构等36家金融单位。在31个省（区、市）和5个计划单列市设有34家省（区、市）金融工会工作委员会、2家省（市）金融工会委员会。中国金融工会的最高权力机关是中国金融工会全国委员会，每届任期5年，现为第五届。全委会闭会期间由常务委员会行使全委会职权。常务委员会设主席1人，副主席（兼职）4人，常务副主席1人，专职副主席3人及若干常务委员。依据《中华人民共和国工会法》、《中国工会章程》选举产生经费审查委员会，现为第五届，设常务委员会和经审办公室，常务委员会由经审会主任1人、副主任1人及若干常务委员组成；选举产生女职工委员会，现为第五届，设办公室（女职工部），常务委员会由主任1人、副主任5人及若干常务委员组成。

中国金融工会主要职责是：按照《中华人民共和国工会法》、《中国工会章程》履行“维护职工合法权益、竭诚服务职工群众”的基本职责，代表、维护金融职工的合法权益；拟定并实施全国金融行业工会工作的指导方针；组织职工参与金融系统的民主管理和民主监督，推动金融系统的民主建设；加强金融职工思想政治引领，凝聚起奋进新征程、建功新时代的强大力量；组织广大职工围绕金融企业经营、管理开展劳动竞赛活动；组织开展五一劳动奖和工人先锋号的评选表彰和服务管理工作，做好金融系统劳模选树培养和劳模（工匠人才）工作室创建命名工作；组织职工进行业务、技能、科学、文化教育培训，组织职工开展文化体育活动，提高和增强职工素质；科技赋能线上工会、智慧工会建设，拓展金融职工学习平台；领导各级女职工委员会做好金融系统工会女职工工作，依法维护女职工的合法权益；负责全国金融系统工会经费的收缴、使用、管理和审计监督；按照全国总工会要求，与国际相关工会组织开展友好交往活动。

中国金融工会成立于1951年10月。1953年8月，全国总工会对当时23个全国产业工会进行调整，将中国金融工会合并到中国财贸工会。1956年1月，全国总工会七届四次执委会议作出《关于加强产业工会工作的决议》。根据决议，中国人民银行党组向全国总工会提出恢复中国金融工会工作委员会的建议。同年9月，经全国总工会研究同意，中国金融工会正式恢复。1958年8月，全国总工会根据中央成都会议精神，对全国产业工会再次进行调整，中国金融工会再次被合并到中国财贸工会。1979年4月，中国人民银行和全国总工会联合发出了《关于恢复和建立全国各级银行工会的通知》，成立了全国银行工会领导小组，1982年改为全国银行工会工作委员会。1985年2月，全国银行工会工作委员会恢复名称为中国金融工会工作委员会。1992年，中国金融工会选举产生第一届全国委员会。1999年10月，中央金融工作委员会和全国总工会联合发出通知，明确中国金融工会接受中央金融工委和全国总工会的双重领导，以中央金融工委领导为主。2007年3月，全国总工会发布《关于明确中国金融工会组织领导关系的通知》，明确中国金融工会是实行垂直领导的全国性产业工会，是金融系统各级工会组织的领导机关，实行中国银监会党委和全国总工会双重领导，以中国银监会党委领导为主。2009年6月，中国金融工会召开第三届全国委员会第一次全体会议，选举产生了新一届领导班子，同时，经中国银监会党委批准成立中国金融工会党组。党的十八大以来，中国金融工会坚持与以习近平同志为核心的党中央保持高度一致，带领广大职工听党话、跟党走，秉持服务中心、服务基层、服务职工的宗旨，深入开展劳动竞赛活动，通过有效组织业务技能比赛，不断提升职工业务素质，形成了“党委领导、行政支持，工会搭台、业务唱戏，劳模引领、职工受益”劳动竞赛新格局，发现培养了一大批“岗位能手”、“业务尖子”和“行业领军人物”；扎实推动职代会民主管理制度建设，不断加大维权机制建设的推进力度，依法推动金融企业建立工资集体协商和集体合同制度，深入开展劳动关系和谐企业创建活动，促进社会和谐稳定；推进关爱帮扶工作和送温暖活动的科学化、制度化、常态化；深入开展“职工之家”建设，努力把职工之家建成民主建设之家、学习提高之家、文化活动之家和人文关怀之家；坚持政治性、先进性、群众性，积极推进金融系统职工文化建设；努力加强作风建设，力戒机关化、行政化、娱乐化、贵族化倾向；加强调查研究，及时了解职工群众所思、所盼、所忧，不断增强工会工作针对性和实效性；逐步建立健全联系职工、服务职工的工作制度，提高工会工作的科学化、规范化水平。

四、中国教科文卫体工会

中国教科文卫体工会是我国教育、科技、文化、卫生、体育系统的全国产业工会组织。中国教科文卫体工会的前身是中国教育工会。1949 年 10 月 11 日，刘少奇同志在全国文化教育工作者座谈会上指出，工人阶级中包括体力劳动者和脑力劳动者，如小学教员、大学教授、工程师等都是脑力劳动者，都是依靠薪水生活的，因此也是工人阶级的一部分，都可以参加工会。在党中央的直接关怀下，1950 年 4 月成立了中国教育工会工作委员会。1950 年 8 月 2 日至 11 日，中国教育工会第一次全国代表大会在北京召开，宣告了中国教育工会全国委员会的正式成立。政务院总理周恩来、副总理郭沫若出席大会并讲话，吴玉章当选为主席。1956 年 8 月召开了中国教育工会第二次全国代表大会，国家副主席朱德接见了全体代表，吴玉章再次当选为主席。会议提出了“向文化进军、向科学进军”的号召。由于反右扩大化的影响，1958 年起，中国教育工会仅有对外交流的职能，国内工作基本处于瘫痪状态。“文化大革命”开始后，中国教育工会被迫停止活动，直到 1979 年才得以恢复。此后，于 1987 年 4 月召开了中国教育工会第三次全国代表大会，中共中央政治局委员、国务院副总理李鹏出席会议并代表党中央、国务院讲话。1993 年 4 月召开了中国教育工会第四次全国代表大会，中央政治局委员、国务院副总理李岚清出席会议并讲话，全国人大常委会副委员长、中华全国总工会主席倪志福，全国人大常委会副委员长、中华全国总工会副主席李沛瑶出席会议。1998年召开中国教育工会第五次全国代表大会，中央政治局常委、书记处书记，中华全国总工会主席尉健行，全国人大常委会副委员长许嘉璐出席会议。

改革开放后，迅速得到恢复的教育工会各级组织，广泛动员和组织教职工积极参与改革，支持改革；大力宣传和贯彻党的知识分子政策，促进广大教师的社会地位和政治地位的提高；广泛组织教职工参与学校民主管理，大力推行教职工代表大会制度和校务公开制度；大力开展对农村教师家属扶贫和丰富多彩的暑期活动；积极参与对侮辱、殴打和伤害教师事件的处理，倡导建立教师节，促进全社会尊师重教；加大源头参与和源头维护力度，参与《教育法》、《教师法》、《高等教育法》和其他法律法规的调研和起草；大力开展“教书育人，为人师表”活动，大力表彰先进工作者，弘扬人民教师的无私奉献精神；积极开展教工住房、工资、医疗情况的调查，多渠道反映教职工的呼声和愿望，维护教职工的合法权益。

2001年11月，根据全国总工会机构改革的部署，中国教育工会扩建为中国教科文卫工会，负责全国教育、科技、文化、卫生、体育系统的工会工作。2002年2月，中国教科文卫工会在北京召开第一次全国代表大会，选举产生了新组建的全国委员会领导班子。2003年，中华全国总工会将中国教科文卫工会改名为中国教科文卫体工会。各省、自治区、直辖市均设有教科文卫体（教育、科技、文化、卫生、体育）工会，共有会员近3500万人。

中国教科文卫体工会是一个以知识分子为主体的全国产业工会。成立以来，始终牢记并切实发挥党联系广大知识分子的桥梁纽带作用，积极推动落实党的知识分子政策，教育引领广大知识分子以家国情怀的使命担当投身党领导的社会主义现代化建设事业；注重源头参与和宏观维护，积极参与涉及本产业职工切身利益的法律、法规、政策的制定，推动全国总工会与教育部、科学技术部、文化和旅游部、国家卫生健康委员会、国家体育总局召开联系（联席）会议，共同研究推进相关工作，依法维护职工合法权益；注重夯实全过程人民民主的基层基础，大力推进职（教）代会和校（院、所）务公开的制度化和规范化建设；大力开展调查研究，及时反映职工群众的意愿和诉求。

五、中国海员建设工会

中国海员建设工会全国委员会是中华全国总工会领导下由交通、建设系统各级工会组成的驻会全国产业工会，于 2001 年在原中国海员工会、中国公路运输工会和中国建设建材工会的建筑、城建部分基础上组建而成。

中国海员工会的前身是中华海员工业联合总会，是有着悠久历史和光荣传统的产业工会。1921 年 3 月 6 日，在苏兆征、林伟民等一大批海员工人运动先驱的不懈努力和积极筹建下，中华海员工业联合总会在香港诞生，是中国成立最早的全国性产业工会。1949 年 12 月 18 日，中国海员工会在北京召开了各地海员工会代表会议。会议在刘少奇、李立三同志的亲自指导下，成立了中国海员工会筹备委员会。1955 年 4 月 4 日至 15 日，在北京召开了中国海员工会第二次全国代表大会。“文化大革命”开始后，中国海员工会停止活动，1978 年恢复活动。1992 年，在北京召开了中国海员工会第三届全国委员会第一次全体会议。1997 年 3 月，中国海员工会在北京召开第四届全国委员会第一次全体会议。

中华海员工业联合总会成立后，团结组织海员工人为推翻“三座大山”、实现民族解放和独立，进行了长期不屈不挠、艰苦卓绝的斗争，成为中国革命的一支重要力量。为反对种族歧视，争取海员合理待遇，领导海员坚持斗争，发动了香港海员大罢工，震撼了帝国主义的殖民统治，成为第一次全国工人运动高潮的起点，在中国革命和工运历史上写下光辉的一页。1925 年，在中国共产党的领导下，中华海员工业联合总会和其他三家产业与地方工会联合发起成立了中华全国总工会，中国海员工会的领导人林伟民、苏兆征先后出任中华全国总工会第一任和第二、三任委员长。新中国成立后，中国海员工会积极参与涉及行业职工切身利益问题的调研和政策制定，广泛开展劳动竞赛、合理化建议等群众性经济技术活动，推进行业集体协商、参与国际工会事务，为我国水运事业的发展、稳定作出了重要贡献。

中国公路运输工会的前身是中国搬运工会。1949 年 12 月开始筹建中国搬运工会全国委员会，并于 1950 年 1 月在北京召开了中国搬运工会第一次全国代表大会。1953 年 10 月，中国搬运工会全国委员会更名为中国公路运输工会全国委员会。1958 年 1 月 27 日至 2 月 3 日，中国公路运输工会在北京召开第二次全国代表大会。“文化大革命”开始后，中国公路运输工会停止活动，1978 年恢复活动，与中国海员工会合署办公。

中国搬运工会成立后，积极组织职工进行生产自救，克服经济困难；开展反封建把头的政治斗争；开展行业特点鲜明、形式多样的社会主义劳动竞赛；不断改善行业职工的劳动生活条件，解决职工具体生活困难，为我国公路运输行业的发展和国家的经济建设作出了重要贡献。

中国建设建材工会的前身，依次可追溯为中国建筑工会工作委员会、中国建筑工会、中国城建建材工会。1951 年 6 月，中国建筑工会工作委员会成立。1956 年 7 月，中国建筑工会召开第一次全国代表大会。1958 年 2 月，根据国务院所属机构的变动情况，全国总工会将原来中国重工业工会的建筑材料工会业务划归中国建筑工会。“文化大革命”开始后，中国建筑工会停止活动，1979 年恢复活动。1986 年 2 月，中国建筑工会全国委员会更名为中国城建建材工会全国委员会。1991 年 5 月，中国城建建材工会全国委员会更名为中国建设建材工会全国委员会。1991 年 12 月，中国建设建材工会在北京人民大会堂召开第二届全国委员会第一次全体会议。1996 年 12 月，中国建设建材工会在北京召开第三届全国委员会第一次全体会议。

中国建筑工会工作委员会成立后，整顿建筑队伍为工业化建设服务；帮助职工克服暂时经济困难；开展创全优工程竞赛、公交优质服务竞赛；推动改善环卫、公交职工、建筑业农民工的劳动生活条件，促进提高政治经济待遇，为国民经济的发展作出了重要贡献。

2001 年 1 月，根据全国总工会机构改革的部署，中国海员工会、中国公路运输工会、中国建设建材工会中的建筑、城建部分组建为中国海员建设工会，负责全国水运、公路运输、建筑、城建系统的工会工作。2003 年 3 月，中国海员建设工会第一届全国委员会第一次全体会议在北京召开，选举产生了新的领导班子。中国海员建设工会第五届全国委员会于 2022 年 9 月选举产生。中国海员建设工会现设 5 个处室：办公室、海员工作部、公路运输工作部、建筑工作部、城建工作部。

中国海员建设工会对应交通运输部、住房和城乡建设部，工作范围涉及第二产业的建筑业、第三产业的交通运输业和城市公用事业，其会员涵盖全国远洋运输、内河水运、港口、航道、海事、海上救助打捞、海员俱乐部、公路建设、公路管理与养护、道路运输、汽车维修、建筑施工、市政、城镇供水、城镇排水和污水处理、燃气、热力、园林、环卫等行业的职工，现共有从业人员10280多万，其中，水运系统580多万，公路系统2800多万，建筑系统5400多万，城建系统1500多万。

长期以来，在全国总工会领导下，中国海员建设工会结合行业实际、根据职工特点，围绕中心、服务大局，大力推动交通建设产业高质量发展，持续推进美丽中国、交通强国建设。加强思想政治引领，在全系统组织开展庆祝建党100周年系列活动和纪念中国海员工会成立100周年系列活动，不断深化“中国梦·劳动美”主题宣传教育，叫响做实“大国工匠年度人物”、“交通建设工匠”、“最美海员”、“最美货车司机”、“最美出租汽车司机”等先进典型选树宣传品牌，大力弘扬劳模精神、劳动精神、工匠精神，团结引领广大职工坚定不移听党话、跟党走。深化改革创新，扎实推进产业工人队伍建设改革，创新实施“港口工匠创新联盟”全国总工会产改试点，部署启动12个全委产改试点项目，持续开展了具有交通建设系统产业特色的劳动和技能竞赛、“五小”群众创新、创新成果征集展示、职工技能培训等系列活动，围绕国家重点区域、重大战略、重大工程开展了京津冀协同发展交通一体化建设“十三五”全国引领性劳动和技能竞赛，启动“长江三角洲区域一体化发展城乡建设”、“建设世界一流港口”、“国家综合立体交通网公路工程建设”、“一带一路”海外建设项目等“十四五”全国引领性劳动和技能竞赛。履行工会基本职责，加强对涉及交通建设系统职工，特别是新就业形态劳动者、海员、农民工等群体劳动权益保障情况的调查研究和立法政策源头参与，通过双边协商、三方协调、送温暖等长效化机制落实维权服务基本职责，创新打造“暖途货车司机职业发展与保障行动”公益服务品牌，配合国务院根治拖欠农民工工资工作领导小组办公室开展“建筑业农民工工资权益保障情况第三方评估”，指导头部平台企业和地方货车司机、网约车驾驶员建会入会行动，加强“海员之家”、“司机之家”、“工友村”、“环卫工人爱心驿站”等服务阵地建设，不断增强维权服务工作实效。加强自身建设，不断健全交通建设系统工会组织体系，持续加强对行业工会联委会建设和大企业集团工会工作的指导，大力推进产业工会干部队伍素质建设，积极深化与国际和港澳台产业工会的交流与合作，探索推动产业工会工作创新发展的新途径。

六、中国能源化学地质工会

中国能源化学地质工会是中华全国总工会领导下的我国煤炭、电力、石油、石化、化工、医药、国土资源系统的全国产业工会组织，由中国能源化学工会更名而来。中国能源化学工会在原中国煤矿地质工会、中国水利电力工会、中国石油化工医药工会基础上组建而成。

中国煤矿地质工会是由中国煤矿工会和中国地质工会合并组成。合并前的中国煤矿工会于 1950 年 11 月 15 日在北京召开了第一次会员代表大会。合并前的中国地质工会成立于 1952 年 4 月，1956 年 5 月 11 日在北京召开中国地质工会全国代表大会。1982 年 7 月，中国煤矿工会和中国地质工会合并，组成中国煤矿地质工会。

中国水利电力工会前身是中国电业工会，成立于 1950 年 1 月，同年 7 月在北京召开第一次全国代表大会。1958 年 2 月，水利系统工会划归电业工会，同年 3 月，更名为中国水利电力工会。

中国石油化工医药工会由中国石油工会和中国化学工会合并组成。合并前的中国石油工会始建于 1955 年 12 月，翌年 2 月召开第一次代表大会。合并前的中国化学工会于 1950 年开始筹备，1953 年 8 月，中国化学工会筹备委员会与中国五金冶炼工会筹备委员会合并为中国重工业工会，1980 年初，成立中国化学工会。1982 年 7 月，中国石油工会和中国化学工会合并为中国石油化工工会，1990 年 9 月底，医药系统工会并入，更名为中国石油化工医药工会。

2001 年 11 月，根据全国总工会机构改革的部署，在原中国煤矿地质工会、中国水利电力工会、中国石油化工医药工会基础上组建中国能源化学工会。12 月 26 日，在北京召开了中国能源化学工会第一届全国委员会第一次全体会议。2016 年 7 月，中国能源化学工会更名为中国能源化学地质工会。2022 年 9 月 15 日，在福建厦门召开了中国能源化学地质工会第五届全国委员会第一次全体会议，选举产生了新一届领导班子。

中国能源化学地质工会对应的主要产业部委、行业协会、中央企业有：自然资源部、国家能源局、国家药品监督管理局、国家中医药管理局、国家海洋局、国家矿山安全监察局；中国煤炭工业协会、中国电力企业联合会、中国石油和化学工业联合会；中国煤炭科工集团有限公司、中国中煤能源集团有限公司、中国煤炭地质总局、国家能源投资集团有限责任公司、国家电网有限公司、中国大唐集团有限公司、中国华能集团有限公司、国家电力投资集团有限公司、中国华电集团有限公司、中国电力建设集团有限公司、中国长江三峡集团有限公司、中国能源建设集团有限公司、中国安能建设集团有限公司、中国绿发投资集团公司、中国南方电网集团公司、中国石油天然气集团有限公司、中国石油化工集团有限公司、中国海洋石油集团有限公司、国家石油天然气管网集团有限公司、中国中化控股有限责任公司、中国化学工程集团有限公司、中国医药集团有限公司、华润医药集团有限公司等。根据中国工会组织原则，全国能源化学地质系统工会实行产业与地方相结合的组织领导体制，以地方工会领导为主，同时接受中国能源化学地质工会领导。

据《中国工会统计年报2021》数据显示，能源化学地质产业现有工会组织68785个，其中独立基层工会组织66894个，联合基层工会1891个；现有工会企业职工人数14430762人，其中女职工3985730人，农民工3443027人（女性农民工885472人）；现有工会会员14034460人，其中女会员3885966人，农民工会员3318725人（女性农民工会员855109人）。

党的十八大以来，在全国总工会党组、书记处的领导下，中国能源化学地质工会全面贯彻党的十八大、十九大、二十大精神，深入贯彻习近平新时代中国特色社会主义思想，坚决贯彻落实党中央决策部署和全国总工会党组工作要求，团结动员广大职工紧紧围绕能源化学地质产业发展大局和工会工作全局，锐意进取、改革创新，突出主责主业，聚智聚焦聚力，形成了党政认可、企业欢迎、职工受益的工作格局。一是坚持不懈强化理论武装，在思想上政治上行动上同以习近平同志为核心的党中央保持高度一致。认真梳理习近平总书记对能源化学地质系统企业作出的重要指示批示精神，印发《习近平总书记关于国有企业、能源领域和石油石化行业的重要论述、指示批示汇编》，组织一线职工开展习近平总书记指示批示精神巡回宣讲，积极推动习近平总书记重要论述进厂区、进车间、进班组，中央领导同志对此予以高度肯定。对标时代楷模张黎明，以社会主义核心价值观为主要内容，细化“五个体系、十五个指标”作为机关日常行为规范；举办“中国好人”王娅先进事迹报告会，弘扬中华民族传统美德；召开弘扬大庆精神铁人精神座谈会，弘扬劳模精神、劳动精神、工匠精神，进一步凝聚广大干部职工听党话、跟党走的决心。二是团结动员广大职工充分发挥主力军作用，为促进经济平稳健康发展建功立业。聚焦贯彻落实“四个革命、一个合作”重大能源战略思想，围绕国家重大战略、重大工程、重大项目、重点产业，以2项全国引领性劳动和技能竞赛为龙头，以14项行业重点劳动竞赛为骨干，与有关部委（局）、行业协会、集团公司共同组织开展全国煤炭、电力、石油石化、化工、地质勘查、测绘地理信息等57个具有产业特色的职业技能竞赛，系统内各级工会组织开展劳动和技能竞赛4万余场次，覆盖职工约1200万人，大批高技能人才脱颖而出，有力促进产业重点任务完成，为推动产业经济发展作出重大贡献。三是切实履行产业工会基本职责，推动产业工人队伍建设改革取得积极进展。推动中央企业和地方大型企业制订《新时期产业工人队伍建设改革方案》实施意见，确定26家产改示范单位，以点带面实现产业工人队伍建设改革高质量落实。推动建设铁人学院、劳模博物园、南网工匠大学，铁人学院成为我国第一所产业工人学院，劳模博物园成为展示和弘扬劳模文化园区，南网工匠大学成为一线技术工人成长成才摇篮。叫响做实“大国工匠”品牌。党的十八大以来，能源化学地质系统共有605人被授予“全国劳动模范”和“全国先进工作者”荣誉称号，607个集体荣获“全国五一劳动奖状”，1200余名个人荣获“全国五一劳动奖章”。四是持续推进服务职工体系建设，切实履行维护职工合法权益的职责。针对清洁能源发展、地勘行业改革、尘肺病防治、地质灾害防治等问题，形成16项两会提案，作为主管部门制定政策和规划的依据。同人社部联合研究制定《全国风力发电行业劳动防护用品配备标准》，印发《煤矿井下作业人员工作时间消耗与指导标准》和《关于进一步加强化工行业安全生产和工会劳动保护工作的意见》。关注转型改制企业职工生活，及时反映行业职工困难情况，组织医药企业药材种植专家与去产能任务艰巨的煤矿企业签订合作协议，利用闲置林地资源发展养殖种植“林下经济”，推进跨行业结对帮扶工作。指导系统内各级工会深化帮扶服务品牌活动，指导推动各大企业集团建立帮扶基金和大病救助基金，筹措送温暖和帮扶资金十几亿元，惠及职工 200 余万人。五是保持和增强“三性”，推动系统内工会组织建起来转起来活起来。参与修订和贯彻落实《关于企业集团建立工会组织的办法》，推动央企建立工会。重视和发挥省级产业工会作用，推动重点产煤市县煤炭行业工会组织建设工作，协调部分省总组建成立对口产业工会，杜绝地勘单位深化改革过程中撤并工会组织现象并推动建立健全工会组织，推动新兴化工医药园区建立产业工会联合会、园区工会联合会。坚持增强“三性”、去除“四化”，2021 年、2022 年连续两年全委机关党支部被中央和国家机关工委授予中央和国家机关先进基层党组织、“四强”党支部称号。第五届全国委员会委员 219 名，其中劳模和一线职工代表 27 名，占比 12.3%；产业工人 9 名，占比 4.1%，与上届相比提高了 1.6%；非公有制企业、新经济组织和新社会组织 9 家，占比 4.1%，与上届相比提高了 3.1%，切实扩大了覆盖面、增强了代表性。

七、中国机械冶金建材工会

中国机械冶金建材工会是我国机械（包括汽车制造）、钢铁、有色、黄金、建材系统的全国产业工会组织。中国机械冶金建材工会的建立发展有一个演变过程。1920 年 11 月 21 日，上海机器工会成立，这是中国工人阶级的第一个产业工会。1949 年 10 月，全国总工会批准成立了五金工会工作委员会，负责全国的机械、冶金行业的工会工作。1950 年 12 月，中国机器制造业工会筹备委员会成立，1952 年 9 月，更名为中国第一机械工会筹备委员会，1955 年 8 月正式成立中国第一机械工会。1958 年中国第一机械工会同负责国防工业工会工作的中国第二机械工会合并组成中国机械工会。“文化大革命”期间，中国机械工会被迫停止活动。1979 年初中国机械工会恢复工作，1979 年 9 月国防行业分出。1950 年 4 月，全国总工会批准成立中国钢铁冶炼工会工作委员会。1954 年 8 月，成立了包括冶金、建材、化工行业在内的中国重工业工会。1958 年 2 月，中华全国总工会将原来中国重工业中的建材行业划归中国建筑工会。1986 年 2 月，中国建筑工会更名为中国城建建材工会。1980 年 2 月，成立了包括钢铁、有色金属、黄金行业在内的中国冶金工会。1982 年 8 月，中国机械工会和中国冶金工会合并成立中国机械冶金工会。2000 年，全国总工会党组研究制定《中华全国总工会机关机构改革方案》，驻会全国产业工会由 13 个调整为 7 个，中国机械冶金工会与中国建设建材工作部合并，成立了中国机冶建材工会，成为保留的 7 个之一。2016 年 7 月，中国机冶建材工会更名为中国机械冶金建材工会。中国机械冶金建材工会的领导机构是按照联合制、代表制原则，由所属基层工会负责人、地方产业工会主要负责人、劳模和一线职工代表、国家有关行业协会负责人等共同组成的全国委员会。全委设立常委会，在全委会议闭会期间履行全委会的职责，承担决策责任。常委会由主席、副主席、常务委员会委员组成。2022 年 9 月 15 日，在湖南长沙召开中国机械冶金建材工会第五届全国委员会第一次会议，选举产生了中国机械冶金建材工会第五届全国委员会领导机构。现有委员 216 名，直接覆盖产业职工近 500 万。

机械冶金建材产业涵盖装备制造、汽车、钢铁、有色金属、建筑材料等一百余个行业，包括钢铁、有色金属、黄金、水泥、玻璃等基础原材料行业，以及汽车、高端装备制造、高新材料等技术前沿行业。2021 年三大行业营收总额约 44 万亿元（机械 26 万亿元，钢铁和有色金属 11 万亿元，建材 6.6 万亿元），规模以上企业职工人数近3000万（机械1700万，钢铁180万，有色金属230万，建材850万），全行业职工人数约4000万。

中国机械冶金建材工会成立以来，坚持马克思列宁主义、毛泽东思想、邓小平理论、“三个代表”重要思想、科学发展观，全面贯彻习近平新时代中国特色社会主义思想，坚持不懈强化理论武装，坚定不移走中国特色社会主义工会发展道路。党的十八大以来，坚持把学习贯彻习近平新时代中国特色社会主义思想作为首要政治任务，深入贯彻落实习近平总书记关于工人阶级和工会工作的重要论述，牢牢把握工会工作的正确政治方向。组织宣讲、论坛、理论征文等活动，推动党的创新理论走进基层企业、走进职工心里，筑牢广大职工共同奋斗的思想基础。加强职工思想政治引领，深化“中国梦·劳动美”主题宣传教育活动，大力弘扬劳模精神、劳动精神、工匠精神。每年举办“讲工匠故事·展劳模风采”主题活动，重点宣传以七一勋章获得者、湘钢集团艾爱国为代表的劳模工匠典型共计38个，活动覆盖职工超过30万人。开展“工匠直播月”活动，组织系统企业积极参加“网聚职工正能量，争做中国好网民”主题活动，在江苏、北京等地举办多场“大国工匠进职业院校”活动。发挥产业工会优势，聚焦行业发展特点，产业工人队伍建设改革持续走深走实。中国机冶建材职工在线技能学习和岗位练兵系统从钢铁行业发端，并逐步向全系统拓展延伸。职工通过网上练兵活动平台进行技能学习培训累计30万人次，培训时长超过50万小时。举办全国机械、有色金属行业班组长管理技能大赛，近五年参赛班组长超过20万名，形成了巨大的行业影响力。围绕国家发展大局，累计开展了5个行业62个工种的行业技能比赛，参赛职工超过2000万人，产业职工在推动高质量发展中的主力军作用进一步发挥。2017年以来涌现出全国五一劳动奖状14个、全国五一劳动奖章30名、全国工人先锋号

54个等一批先进集体和个人，金隅集团刘更生入选2021年“大国工匠年度人物”。钢铁行业开展节能减排达标竞赛，近五年累计60余家企业、2万多人次参赛，评选各类冠军炉35座、优胜炉140座、创先炉100座。开展全国钢铁、水泥行业职工网上安全生产知识竞赛，近五年参赛企业超过800家、职工30余万人，学习答题400余万人次。持续开展机械、钢铁行业科学技术奖（工人组）、黄金行业一线职工科技成果奖和建材行业技术革新奖评审活动，近五年共评出各等次优秀创新成果226项。金川集团潘从明获得2019年度国家科技进步二等奖，潘从明创新工作室和大冶有色宋幸福创新工作室成为全国示范性劳模和工匠人才创新工作室。维护职工合法权益，构建和谐劳动关系，产业职工群众生活品质不断提升。全系统职工工资与企业绩效保持同步增长，近五年部分企业实现了10%以上的较大增幅。行业内规模以上企业“五险一金”基本实现全覆盖。全部委员单位十多年来未发生重大安全生产事故。深入基层一线，广泛开展“工会进万家”活动，近五年发放各类慰问款500多万元。围绕保持和增强政治性、先进性、群众性，加强产业工会自身建设。加强与行业协会（联合会）、地方总工会、社会组织、中央企业等的沟通联络，整合资源、集合力量共同推进工作。坚持动态调整委员结构，吸纳了一批具有影响力的企业特别是民营企业工会组织，增强产业工会的广泛性和代表性。实行委员“四项工作制度”，以制度创新推动实践创新，使基层工会真正建起来、转起来、活起来。围绕行业重点、难点问题，先后就深化产业工人队伍建设改革、产业基础高级化产业链现代化对产业经济和劳动关系的影响、疫情期间行业复工复产情况及对职工队伍的影响等开展专题调研，近五年完成报告22篇，取得丰硕成果。

八、中国国防邮电工会

中国国防邮电工会全国委员会是我国国防、邮政、电信、电子信息系统的全国产业工会组织。2001 年 11 月，根据全国总工会机构改革的部署，中国国防邮电工会在原中国国防工业工会、中国邮电工会基础上组建而成。国防邮电产业是我国国民经济的重要组成部分，是国家重要的战略性、基础性、支柱性、前导性产业，具有以国有经济为主体、组织化程度较高、产业职工相对集中、自主创新能力强、科研生产体系健全等显著特点，担负着增强综合国力、服务国家经济发展的重要使命。

中国国防工业工会的前身是中国兵工工会工作委员会。1950 年 6 月召开中国兵工工会第一次全国代表大会，成立了中国兵工工会全国委员会。1953 年 2 月改名为中国第二机械工会全国委员会。1953 年 11 月和 1956 年 12 月先后召开中国机械工会第二次、第三次全国代表大会。1958 年 2 月，中国第二机械工会与中国第一机械工会合并为中国第一机械工会，1960 年改名为中国机械工会。1965 年国防工业工会从中国机械工会分出，建立中国国防工业工会工作委员会，“文化大革命”开始后停止活动，1979 年恢复活动。1983 年改名为全国总工会国防工业工会工作委员会。1991 年改名为中国国防工业工会全国委员会。1991 年 5 月、1996 年 6 月分别召开中国国防工业工会第四届、第五届全国委员会第一次全体会议。

中国国防工业工会成立后，紧密结合产业实际，广泛组织开展跨行业、跨地区的劳动竞赛、“第二次”创业劳动竞赛、合理化建议等活动，在职工中进行四项基本原则教育、法治教育、国防教育、革命传统教育和形势任务教育，参与产业部委的政策性决策，调查研究，总结典型，推广经验，建立企事业工会代表联席会议制度、工作联系制度，在国防科技工业的调整发展和促进社会稳定中发挥了重要作用。

中国邮电工会成立于1950年。1949年成立了中华全国邮政总工会和电信总工会两个筹备组，于1950年3月分别召开全国代表大会，联合选举产生了中国邮电工会全国委员会。1953年、1957年先后召开第二次、第三次全国代表大会。其间实行以产业工会领导为主的组织领导体制，1958年以后变产业工会垂直领导为联系指导。“文化大革命”期间，中国邮电工会停止活动。1979年中国邮电工会恢复活动，1991年恢复以产业工会领导为主的领导体制。1985年、1991年、1996年分别召开中国邮电工会第四次、第五次、第六次全国代表大会。

中国邮电工会成立后，结合邮电产业的特点开展了“邮电一条龙协作”、“局际同工种竞赛”、“增产节约和合理化建议”等活动；总结推广了“郭秀云操作法”、“许兴柱长途线路维护工作法”、“京、津投递经验”等先进工作法；注重源头参与工作和民主管理工作，广泛开展了建设“职工之家”活动；关心职工生活，帮助职工解决生产生活中存在的问题。1986年、1991年、1996年，与邮电部共同召开了三次劳模表彰大会。

2001年11月，根据全国总工会机构改革部署，组建中国国防邮电工会全国委员会，负责全国国防科技工业、邮政、电信、电子信息系统的工会工作。2002年1月召开中国国防邮电工会第一届全国委员会第一次全体会议，选举产生了中国国防邮电工会领导班子。2007年1月、2011年12月、2017年2月、2022年9月分别召开中国国防邮电工会第二届、第三届、第四届和第五届全国委员会第一次全体会议。中国国防邮电工会对口联系的国家部（局）分别是工业和信息化部所属的国防科技工业局、信息通信发展司、电子信息司，交通运输部所属的国家邮政局，具体工作联系单位包括33个大型企业集团（含22家中央企业）和部分省（自治区、直辖市）的国防、电子地方产业工会。根据行政管理体制的不同，中国国防邮电工会中的中国邮政集团工会、电信行业各集团工会建立的是垂直领导体系，其所属省级以下基层工会组织实行以产业工会领导为主、同时接受地方工会领导的体制；国防科技工业、电子信息系统工会实行以地方工会领导为主、同时接受中国国防邮电工会领导的体制。

中国国防邮电工会建立后，省级地方总工会根据本地实际对国防邮电产业工会的设置进行调整。近年来，在全国总工会党组书记处的坚强领导下，中国国防邮电工会以习近平新时代中国特色社会主义思想为指导，紧紧围绕党和国家工作大局和工会工作全局，坚持以党的建设为统领，不断强化理论武装，着力加强职工思想政治引领，持续深化产业工人队伍建设改革，切实履行维权服务基本职责，持续推进工会改革创新，坚持问题导向，坚持需求导向，坚持守正创新，有力推动国防邮电产业工会工作取得了新进展，为促进国防邮电产业高质量发展作出了应有贡献。一是注重用习近平新时代中国特色社会主义思想武装头脑，不断推进科学理论武装往深里走、往实里走、往心里走，引导工会干部深刻领悟“两个确定”的决定性意义，进一步增强“四个意识”、坚定“四个自信”、做到“两个维护”，始终在思想上政治上行动上同以习近平同志为核心的党中央保持高度一致。始终坚持用科学理论指导工作、推动实践，领导干部带头加强理论学习，带头开展调查研究，带头推进整改落实，引导各级工会干部胸怀“两个大局”，心怀“国之大者”，不断提高政治判断力、政治领悟力、政治执行力，确保理论武装与业务工作深度融合、同步发展。始终坚持以党的建设为统领，扎实开展“两学一做”学习教育、“不忘初心、牢记使命”主题教育和党史学习教育，严格落实中央八项规定精神，力戒形式主义、官僚主义，营造出了风清气正的良好环境。二是注重组织动员广大职工“当好主人翁、建功新时代”，围绕载人航天工程、“嫦娥”系列探月工程、国产航母下水、5G信息通信网络建设、“北斗”系统建设与应用等国家的重大战略、重大工程、重大专项，与国家有关部委、行业协会、企业集团联合，广泛深入持久开展劳动和技能竞赛，在促进产业高质量发展中干出了新成绩。创造性地举办了职工技术创新成果“展洽会”，组织了两届“长缨杯”军民两用产品工业设计大赛，并举办了首届工艺技术创新大赛，助力攻克重要领域“卡脖子”技术、打好关键核心技术攻坚战。一大批由高技能职工担纲的技术创新成果脱颖而出，在2022年全国总工会组织的首届大国工匠创新交流大会上获得了优秀组织奖。2017—2022年，全产业有157名个人获得全国劳动模范/先进工作者称号，71个单位被授予全国五一劳动奖状，310人被授予全国五一劳动奖章，354个集体被授予全国工人先锋号。三是注重加强职工思想政治引领，制定下发《关于加强和改进新时代国防邮电产业职工思想政治工作的意见》，召开国防邮电产业职工思想政治引领工作座谈会，专题召开“牢记习近平总书记关怀，大力弘扬‘小蜜蜂’精神座谈会”，引导快递职工甘做勤劳“小蜜蜂”，争做美好生活的创造者、守护者。积极组织开展了全媒体“中国梦·劳动美”主题教育，持续开展“身边的大国工匠”推荐学习工作，大力弘扬劳模精神、劳动精神、工匠精神。2017年以来，大国工匠年度人物和央视“大国工匠”系列报道中，国防邮电产业有24名大国工匠事迹在节目中播出（共55名），成为具有国防邮电工会特色的工作亮点。全委会组织编撰了《国防邮电产业大国工匠风采录》，广泛宣传推广，厚植了劳动光荣、技能宝贵、创造伟大的思想根基。四是注重积极推进产业工人队伍建设改革，坚持把创新工作室、新时代工匠学院和班组建设结合起来，“三位一体”加以推进。制定下发《关于深化劳模和工匠人才（职工）创新工作室创建工作的意见》及《中国国防邮电产业示范性劳模和工匠人才（职工）创新工作室命名管理工作暂行办法》，通过总结交流、观摩互学、选树命名等方式，将劳模和工匠人才创新工作室打造成技能人才成长的“磨刀石”。积极探索建设“新时代工匠学院”培养高技能人才的模式，依托大型骨干企业创建新时代工匠学院，建设了 34 个专业技术委员会和 32 家“新时代工匠学院”，累计培训工匠人才近 5 万人，培训职工 30 余万人，线上平台视频点击量达到 540 余万次，成为培养新型产业工人的大熔炉。通过抓规章制度建立，抓管理考核，抓星级班组评选表彰，不断增强先进班组的辐射带动能力、创新攻关能力和人才培养能力，成为新型产业工人队伍成长的摇篮。五是注重用心履行维权服务基本职责，坚决贯彻落实中央指示精神和全国总工会决策部署，关心关爱帮助核工业特殊困难群体，得到中央领导同志的充分肯定。坚持前移维权关口，参与制定《关于做好快递员群体合法权益保障工作的意见》等文件，为依法维护非公快递职工权益提供了法律保障。积极推动建立完善了以职工代表大会为主要形式的民主管理制度，推进平等协商、签订集体合同制度在国企基层工会的全覆盖，在非公快递企业开展建立区域性企业集体合同制度，为维护职工合法权益提供制度保障。坚决贯彻落实“五个坚决”要求，坚持维权与维稳相统一，指导各类企业工会建立了劳动争议调解和劳动关系预警制度，确保了“五个不发生”的贯彻落实。坚持线上线下相结合，创新职工服务方式和手段，积极推进“四送”常态化制度化，积极推广职工之家“五小建设”和“职工小家移动方舱”，为职工群众提供多方位的关怀服务。六是注重扎实推进工会的改革创新，印发《关于在企事业单位改革改制中进一步加强工会工作的意见》，对全产业在改革改制中发挥工会组织在促进企业和谐发展、维护职工合法权益的作用作出制度性规定。在扎实推进中央企业工会组织规范化建设的同时，着力推进非公企业工会组建、农民工入会工作，扩大了工会组织、工会工作在非公领域的覆盖面。制定出台了《关于会员评议工会和工会干部的意见》、《关于开展“最美职工之家”、“最亲娘家人”推树活动的意见》，每两年推树一批“双最”先进典型，进一步增强基层工会的工作活力。积极适应互联网时代要求，大力推进网上工会建设，利用网络活化工会神经末梢、接长工作手臂、架设紧密联系职工群众的新桥梁纽带。持之以恒加强自身建设，不断提高全委会把方向、统全局、谋创新、抓落实的能力水平。

九、中国财贸轻纺烟草工会

中国财贸轻纺烟草工会是我国财贸、轻工、纺织、烟草系统的全国产业工会组织。2001 年 11 月，根据全国总工会机关机构改革的部署，中国财贸轻纺烟草工会在原中国财贸工会、中国轻工业工会、中国纺织工会基础上组建而成。

中国财贸工会的前身是中国店员工会。1951 年 8 月召开中国店员工会第一次全国代表大会，成立了中国店员工会全国委员会。1955 年 12 月召开中国店员工会第二次全国代表大会，将中国店员工会改名为中国商业工会。1959 年中国商业工会、金融工会、合作社工会、粮食工会合并为中国财贸工会。“文化大革命”开始后，中国财贸工会停止活动，1979 年恢复活动。1991 年 3 月召开中国财贸工会第三届全国委员会第一次全体会议。1996 年 12 月召开中国财贸工会第四届全国委员会第一次全体会议。

中国轻工业工会的前身是中国食品工业工会。新中国成立后，全国总工会下设食品工会工作委员会。1951 年 5 月召开中国食品工业工会第一次全国代表大会，成立了中国食品工业工会全国委员会。1953年8月中国食品工业工会全国委员会与中华全国总工会盐业工会工作委员会合并为中华全国总工会轻工业工会工作委员会。1955年10月恢复建立中华全国总工会盐业工作委员会。1956年11月中华全国总工会轻工业工会工作委员会召开中国轻工业工会、中国食品工业工会第一届全国代表大会，成立了中国轻工业工会全国委员会。1958年4月中国轻工业工会全国委员会和中国食品工业工会全国委员会合并为中国轻工业工会全国委员会。1958年8月中华全国总工会盐业工会工作委员会撤销，并入中国轻工业工会全国委员会。“文化大革命”开始后，中国轻工业工会停止活动，1979年恢复活动。

中国纺织工会的前身是新民主主义革命时期各地陆续成立的纺织工会组织。新中国成立后，1950年1月在北京召开全国纺织工会代表会议，产生了中国纺织工会筹备委员会。1950年7月在北京召开中国纺织工会第一次全国代表大会，成立了中国纺织工会全国委员会。1953年8月召开中国纺织工会第二次全国代表大会。1957年12月召开中国纺织工会第三次全国代表大会。“文化大革命”开始后，中国纺织工会停止活动，1979年恢复活动。1991年7月召开中国纺织工会第四届全国委员会第一次全体会议。

2001年11月，在全国总工会机关机构改革中组建中国财贸轻纺烟草工会。2002年1月、2007年1月、2011年11月、2017年2月、2022年9月分别召开中国财贸轻纺烟草工会第一届、第二届、第三届、第四届、第五届全国委员会第一次全体会议。中国财贸轻纺烟草工会对应和联系的相关政府部门、行业协会有商务部、文化和旅游部、国家市场监督管理总局、中华全国供销合作总社、国家粮食和物资储备局、国家烟草专卖局、中华全国手工业合作总社和中国商业联合会、中国轻工业联合会、中国纺织工业联合会及相应的各专业性行业协会。目前，全国绝大部分省、自治区、直辖市和部分市、县建立了涉及财贸、轻工、纺织、烟草等行业的产业工会组织。

近年来，中国财贸轻纺烟草工会在全国总工会的领导下，紧紧围绕党和国家工作大局及工会工作全局，充分发挥产业工会优势，在促进产业改革发展、协调产业劳动关系、维护产业职工权益等方面发挥了重要作用。一是认真履行产业工会的政治责任。深入学习贯彻习近平新时代中国特色社会主义思想特别是习近平总书记关于工人阶级和工会工作的重要论述，深刻领悟“两个确立”的决定性意义，不断增强“四个意识”、坚定“四个自信”、做到“两个维护”。加强思想政治引领，开展具有产业特色的主题宣传教育活动，树立和宣传一批先进模范和工匠人才，充分发挥劳动模范和先进人物的示范引领作用，团结引导产业广大职工坚定不移听党话、跟党走。二是团结动员广大职工为促进产业高质量发展作贡献。扎实推进产业工人队伍建设改革，广泛深入持久开展多种形式的劳动和技能竞赛活动，积极推进劳模和工匠人才创新工作室建设，开展劳模演示交流、职业技能培训交流等活动，搭建职工创新创造和技术技能展示交流平台，推动职工技术创新和素质提升，团结动员广大职工促进产业高质量发展，积极建功新时代。三是突出做好维权服务工作。务实推进以外卖配送员为代表的新就业形态劳动者建会入会和维权服务工作，制定发布部分行业服务质量和劳动定额指导标准，深化行业集体协商工作，积极推动构建和谐劳动关系，切实做好促进职工队伍稳定工作，坚决维护劳动领域政治安全。四是加强源头参与机制建设。巩固和完善与中国商业联合会、中国轻工业联合会、中国纺织工业联合会、国家烟草专卖局的联席会议制度，建立和深化与文化和旅游部、人力资源和社会保障部、商务部等联系沟通渠道，共同研究涉及行业改革发展和职工权益实现的全局性、政策性问题，拓展合作领域，共同搭建源头维护平台。深入开展调查研究，积极反映行业性问题和职工利益诉求，在推动行业健康发展、维护行业职工合法权益方面争取政策支持，宏观维护取得突出成果。五是深化产业工会改革创新。加强对系统央企工会的服务指导，持续推进产业工会组织体系建设，健全完善产业工会工作制度，充分发挥委员、常委、兼职副主席作用，全面提高产业工会工作的制度化、规范化、科学化水平，不断开创产业工会工作新局面。

十、中国农林水利气象工会

中国农林水利气象工会是全国总工会领导的，在农垦、林业、水利、渔业、畜牧、气象、监狱管理、华侨农场管理等性质相近的产业、系统建立的全国产业工会组织。早在中国共产党建党初期，中共苏区和陕甘宁边区根据地就建立了农业工人（雇农）工会组织。

1933 年 4 月 1 日，在江西瑞金召开了中国农业工人第一次代表大会，成立了中国农业工人工会中央委员会。新中国成立后，1952 年 12 月 24 日，在北京成立了中国农林水利工会工作委员会；1955 年 3 月 11 日改组，分别成立中国农业水利工会筹备委员会和中国林业工会筹备委员会。1958 年 1 月 28 日，在北京召开了中国农业水利工会第一次全国代表大会，正式成立了中国农业水利工会全国委员会，同年 4 月，中国农业水利工会的“水利”部分划归中国电业工会，更名为中国农业工会全国委员会。

1959 年 6 月，中国农业工会全国委员会与中国林业工会筹委会合并建立了中国农林工会全国委员会。“文化大革命”期间，中国农林工会全国委员会停止工作，1979 年恢复活动。

2001 年，根据全国总工会机构改革的部署，中国水利电力工会中的“水利”部分划归中国农林工会，并决定将中国农林水利工会作为试点，先行进行中国农林水利工会全国委员会的筹备工作。2001 年 8 月 28 日，中国农林水利工会召开了一届一次全委会议，选举产生了新一届领导班子。之后，在 2006 年和 2011 年又分别召开了二届和三届全委会议。2016 年，根据全国总工会机构改革部署，“中国农林水利工会”更名为“中国农林水利气象工会”，之后分别在 2017 年和 2022 年召开四届、五届全委会议。中国农林水利气象工会对应的政府职能部门为农业农村部、国家林业和草原局、水利部、中国气象局、司法部监狱管理局等 5 个政府职能部门和中华全国归国华侨联合会，对相应的地方产业（厅局、总公司）工会及所属基层工会具有指导和领导职能。根据有关部门 2020 年统计，全国农林水利气象系统现有职工 1688 万余人，工会会员 1631 万余人。

近年来，中国农林水利气象工会围绕中心、服务大局，紧扣党和国家重大战略任务，按照全国总工会统一部署，结合农林水利气象产行业特色和需求，充分发挥产业工会优势，各项工作取得了显著成效。一是不断强化理论武装，始终把牢工会工作的正确政治方向。深入学习习近平生态文明思想，深入领会习近平总书记到北大荒农垦、中农发山丹马场、塞罕坝林场、长江流域、黄河流域等产行业调研视察时的重要讲话精神，在政治立场、政治方向、政治原则、政治道路上同以习近平同志为核心的党中央保持高度一致，不折不扣将党中央决策部署贯彻到各项工作中去，充分发挥了党联系职工群众的桥梁纽带作用。二是推进产业工人队伍建设改革，发挥产业职工生态文明建设主力军作用。深入推动产业工人队伍建设改革试点工作，联合国家林业和草原局下发了《关于进一步加强林草系统产业工人队伍建设改革的意见》，并在其他 7 个行业 13 家单位开展项目化试点，形成一批具有地方、产业和企业特色的改革成果，为推动产业工人队伍建设改革向纵深发展奠定了基础。大力弘扬劳模精神、劳动精神、工匠精神。五年间，26家单位获得全国五一劳动奖状，172名职工获得全国五一劳动奖章，169家班组（科室）获得全国工人先锋号，在本系统选树“绿色生态工匠”32名、“绿色生态最美职工”30名，掀起了“弘扬生态理念，学习工匠精神”的热潮。深化劳动和技能竞赛，助力国家重大战略、重大工程、重大项目。与农业农村部、水利部、国家林业和草原局、中国气象局联合开展全国行业职业技能大赛，完成“助推绿色发展　建设美丽长江”全国引领性劳动和技能竞赛。深化劳模和工匠人才创新工作室创建，确认了60家全国农林水利气象系统劳模和工匠人才创新工作室，并推进乳业、生猪创新工作室联盟建设。三是扎实推进困难职工脱困解困，进一步提升职工获得感、幸福感、安全感。加强源头参与，与农业农村部、水利部、国家林业和草原局、中国气象局等对口部（局）召开联席（系）会议，形成推动解决影响产行业改革发展和职工生产生活困难问题合力，积极向各级两会反映职工诉求，向全国两会提交议题案共25份。深入开展调查研究，近五年呈报高质量调研报告50余篇，其中部分调研报告上报至中办、国办或转办至相关部委、省（区市），有效地反映职工群众所思所想，传递职工群众呼声诉求。做好排忧解难工作，五年间使用中央财政专项帮扶资金和工会送温暖资金共计1436万元，用于慰问各类在大事要事中作出贡献的职工和在生活中急需帮助的职工。四是构建和谐劳动关系，进一步巩固劳动领域政治安全。健全以职工代表大会为基本形式的企事业单位民主管理制度体系，在产行业中稳步推进集体协商，并以工资集体协商为中心不断拓展集体协商内容，不断提升集体协商质量。对照全国总工会建立落实“五个坚决”长效机制，建立了横到边、纵到底的职工队伍稳定情况信息报送、沟通和协商机制，对劳动领域政治安全形势进行了分析研判，就职工意识形态、薪资收入、社保状况等做好风险隐患排查，促进职工队伍团结统一与社会和谐稳定。五是完善制度建设，逐步提升产业工会运行的规范化水平。修订中国农林水利气象工会制度汇编，形成了一套具有产业工会特色的制度体系。切实加强组织建设，大力推动各级地方产业工会和行业工会建设，探索建立县（区、市）级农林水利气象工会，并推动工会触角向乡村延伸，持续推动产业工会组织网络不断健全，干部队伍不断发展壮大。通过努力，产业工人队伍建设改革不断深入，职工生态文明建设主力军作用有力彰显，职工合法权益得到有效维护，职工生活品质明显改善，劳动领域政治安全形势持续稳定向好，产业工会自身建设切实加强。

参考文献

1. 习近平．习近平谈治国理政［M］．北京：外文出版社，2014.

2. 习近平．习近平谈治国理政（第二卷）［M］．北京：外文出版社，2017.

3. 习近平．习近平谈治国理政（第三卷）［M］．北京：外文出版社，2020.

4. 习近平．习近平谈治国理政（第四卷）［M］．北京：外文出版社，2022.

5. 中国共产党第二十次全国代表大会文件汇编［M］．北京：人民出版社，2022.

6. 本书编写组．党的二十大报告辅导读本［M］．北京：人民出版社，2022.

7. 本书编写组．党的二十大报告学习辅导百问［M］．北京：学习出版社，党建读物出版社，2022.

8. 中国共产党第十九次全国代表大会文件汇编［M］．北京：人民出版社，2017.

9. 本书编写组．党的十九大报告辅导读本［M］．北京：人民出版社，2017.

10. 本书编写组．党的十九大报告学习辅导百问［M］．北京：学习出版社，党建读物出版社，2017.

11. 本书编写组．中国共产党简史［M］．北京：人民出版社，中共党史出版社，2021.

12. 全国总工会课题组．深入学习贯彻习近平总书记关于工人阶级和工会工作的重要论述[M]．北京：中国工人出版社，2021.

13. 李玉赋．中国工会十七大报告辅导读本[M]．北京：中国工人出版社，2018.

14. 李玉赋．中国工会十七大文件汇编[M]．北京：中国工人出版社，2018.

15. 李玉赋．新的使命和担当：《新时期产业工人队伍建设改革方案》解读[M]．北京：中国工人出版社，2017.

16. 李玉赋．新的使命和担当Ⅱ：中国工会改革创新实录(2015—2017)[M]．北京：中国工人出版社，2017.

17. 李玉赋．新的使命和担当Ⅲ：全国总工会改革试点制度文件与释义[M]．北京：中国工人出版社，2017.

18. 李玉赋．第八次中国职工状况调查．报告卷[M]．北京：中国工人出版社，2017.

19. 中华全国总工会．中国特色社会主义工会发展道路学习读本[M]．北京：中国工人出版社，2012.

20. 中华全国总工会研究室．全国工会理论政策研究文集2004[M]．北京：中国言实出版社，2005.

21. 中华全国总工会十四届六次主席团（扩大）会议文件组编．坚持走中国特色社会主义工会发展道路辅导读本[M]．北京：中国工人出版社，2005.

22. 中国工会十六大文件组．中国工会十六大文件汇编[M]．北京：中国工人出版社，2013.

23. 中国工会十五大文件组．中国工会十五大文件汇编[M]．北京：中国工人出版社，2008.

24. 中国工会十四大文件组．中国工会十四大文件汇编[M]．北京：中国工人出版社，2003.

25. 中华全国总工会组织部．工会干部培训教程[M]. 北京：中国工人出版社，2002.

26. 本书编辑部．中国大百科全书（精粹本）[M]. 北京：中国大百科全书出版社，2002.

27. 吴亚平．工会组织建设概论[M]. 北京：中国工人出版社，2001.

28. 中华全国总工会．中国工会百科全书（上下）[M]. 北京：经济管理出版社，1998.

29. 倪志福．当代中国工人阶级和工会运动（上下）[M]. 北京：当代中国出版社，1997.

30. 夏汝奎，王渔，李双寿．当代中国产业职工和产业工会[M]. 北京：海洋出版社，1990.

31. 常凯，张德荣．工会法通论[M]. 北京：中共中央党校出版社，1993.

32. 中华全国总工会关于印发王东明同志《在全国推进产业工人队伍建设改革工作经验交流会上的讲话》的通知[Z]. 2021. 4.

33. 中华全国总工会关于印发王东明、陈刚同志在全国产业工会工作座谈会上的讲话通知[Z]. 2021. 9.

34. 陈刚同志在全国推进新就业形态劳动者工会工作会议上的讲话[Z]. 中华全国总工会办公厅通报，2022（05）.

35. 中华全国总工会办公厅印发《关于推进新就业形态劳动者入会工作的若干意见（试行）》的通知[Z]. 2021. 9.

36. 谭天星同志在全国推进货车司机等新就业形态劳动者入会暨“司机之家”建设电视电话会议上的讲话[Z]. 中华全国总工会办公厅通报，2021（21）.

37. 李玉赋同志在产业工会工作座谈会上的讲话[Z]. 中华全国总工会办公厅通报，2018（05）.

38. 李玉赋同志在全国产业工会工作会议上的讲话，陈荣书同志在全国产业工会工作会议上的总结讲话［Z］. 中华全国总工会办公厅通报，2016（10）.

39. 中华全国总工会研究室 . 关于理顺地方工会、产业工会与国有大企业集团工会组织体制的调研报告［Z］. 2004 年全总机关优秀调研成果选编 .

后　记

《产业工会工作概论》是全国工会干部培训基础教材之一。

本次出版的《产业工会工作概论》是在2006年第一版、2013年第二版、2018年第三版的基础上修订而成。本次修订由中国机械冶金建材工会、中国海员建设工会牵头，参与单位有中华全国铁路总工会、中国民航工会、中国金融工会、中国教科文卫体工会、中国能源化学地质工会、中国国防邮电工会、中国财贸轻纺烟草工会、中国农林水利气象工会。

劳动午报社徐岩同志和中国机械冶金建材工会王欣、朱丹、张晓莹同志负责具体修订工作，陈杰平、关明同志审阅书稿。各全国产业工会简介和案例（第四章第六节10个典型经验），分别由相关产业工会主席审定。参加修订工作的同志还有：中华全国铁路总工会毛世民、李佳，中国民航工会王铎、房雪、祝川，中国金融工会梅志翔、张亮，中国教科文卫体工会郑晋平、周利民，中国海员建设工会李庆忠、王娟，中国能源化学地质工会张金亮、李姗珊，中国国防邮电工会秦少相、王建超，中国财贸轻纺烟草工会王倩、刘富厚，中国农林水利气象工会李忠运、刘飞、伯杨。

由于编者水平有限，本书难免存在不足和疏漏之处，诚恳地欢迎广大读者批评指正。

编　者

2023年3月